GERHARD DORNSEIFER

Rechtstheorie und Strafrechtsdogmatik Adolf Merkels

Schriften zur Rechtstheorie

Heft 80

Rechtstheorie und Strafrechtsdogmatik Adolf Merkels

Ein Beitrag zum Realismus in der Jurisprudenz

Von

Dr. Gerhard Dornseifer

DUNCKER & HUMBLOT/BERLIN

Alle Rechte vorbehalten
© 1979 Duncker & Humblot, Berlin 41
Gedruckt 1979 bei Buchdruckerei Bruno Luck, Berlin 65
Printed in Germany
ISBN 3 428 04411 8

Für Jutta und Iris

Vorwort

Die Arbeit hat im Jahre 1978 der Rechts- und Staatswissenschaftlichen Fakultät der Rheinischen Friedrich-Wilhelms-Universität Bonn als Dissertation vorgelegen.

Sie ist von meinem verehrten Lehrer Prof. Dr. Armin Kaufmann betreut worden. Für seine behutsame, unschätzbar hoch zu veranschlagende Förderung der Arbeit bedanke ich mich herzlich.

Gerhard Dornseifer

Inhaltsverzeichnis

Zur Einführung 15

Erstes Kapitel

Grundpositionen einer realistischen Rechtstheorie

A. *Wissenschaftstheoretische Grundlagen* 18

   I. Darstellung der Merkelschen Position 18

      1. Der sozialwissenschaftliche Ansatz 18

      2. Die erkenntnistheoretischen und methodischen Voraussetzungen der Sozialwissenschaft 19

  II. Würdigung 22

B. *Das Konzept einer Entwicklungstheorie* 26

   I. Darstellung der Merkelschen Position 26

      1. Die Bedeutung des Widerstreits realer Kräfte und Interessen für eine fortschreitende Entwicklung 26

      2. Die Bedeutung der Wissenschaft für eine fortschreitende Entwicklung 28

         a) Die Abhängigkeit der Theorie von konkreten Bedingungen . 28

         b) Die aufklärende Funktion der Theorie als realistisch betriebener Wissenschaft 29

  II. Würdigung 30

      1. Der evolutionistische Positivismus Spencers 30

      2. Merkels differenzierender Standpunkt zwischen Historismus und Naturalismus 32

      3. Die Parallelität zu modernen Theorien 34

      4. Fazit 38

Zweites Kapitel

Rechtsphilosophie und Rechtswissenschaft

A. *Darstellung der Merkelschen Position* 40

    I. Die Rechtswissenschaft als „positive" Wissenschaft 40

    II. Das Verhältnis von Rechtswissenschaft und Rechtsphilosophie 41

        1. Die Rechtsphilosophie als der allgemeinste Teil der Rechtswissenschaft 41

        2. Die Aufgabe der Rechtsphilosophie, Recht als von gesellschaftlichen Bedingungen abhängig zu erklären 42

        3. Die Aufgabe der Rechtsphilosophie, das geschichtliche Substrat in einem begrifflich klaren System zu konzentrieren 42

B. *Würdigung* 43

    I. Die Entstehung und Begründung der „Allgemeinen Rechtslehre" als analytische Strukturtheorie 43

        1. Die analytische Methode 43

        2. Die funktionale Betrachtung des Rechts 47

    II. Die Bedeutung der „sachlogischen" Strukturen 49

        1. Die Position Welzels und Armin Kaufmanns 49

        2. Dogmatik als Grenzwissenschaft 53

Drittes Kapitel

Das Recht

A. *Darstellung der Merkelschen Position* 55

    I. Der Konflikt als Voraussetzung des Rechts 55

    II. Die friedenstiftende Funktion des Rechts 55

    III. Die Wirkungsweise des Rechts im einzelnen 56

        1. Das Recht als Lehre 56

            a) Grenzbestimmung einer freien Entfaltung innerhalb konkurrierender Interessen 56

Inhaltsverzeichnis 11

    b) Die Kompromißnatur des Rechts 58
    c) Die Gerechtigkeit der Grenzziehung 58
    d) Die Verbindung von Zweckmäßigkeit und Gerechtigkeit im Recht 59
    e) Die fortschrittliche Entwicklung zum „richtigen" Recht 60
  2. Das Recht als Macht 62
    a) Das Recht als Willensentscheid 62
    b) Die Abhängigkeit der Rechtsmacht von den ethischen Überzeugungen 62

B. *Würdigung* 64

I. Das Problem der Rechtsgeltung im Licht der positivistischen Rechtstheorie 64
  1. Der Standpunkt Kelsens 64
    a) Die Disparität von Sein und Sollen 64
    b) Der Rückgriff auf die Grundnorm 65
    c) Kritik 66
  2. Der Standpunkt Harts 67
    a) Die begriffliche Trennung von Recht und Moral 67
    b) Der „Mindestinhalt" des Rechts 69
    c) Die Struktur der Rechtsregel 70
    d) Kritik 71

II. Die Weiterführung der Merkelschen Geltungstheorie 74
  1. Die kritische Einordnung der generellen Anerkennungstheorie durch Welzel 74
  2. Die Weiterentwicklung des Merkelschen Legitimitätskonzepts .. 76
    a) Das Festhalten an der Ableitung inhaltlich richtiger Sollurteile durch Sicherung des Rahmens für geistige Auseinandersetzung 76
    b) Die Entscheidung für die Sicherung der Möglichkeitsbedingungen verpflichtender Sinnentwürfe 78

Viertes Kapitel

Die Struktur der Rechtsnorm

A. *Darstellung der Merkelschen Position* 82

  I. Primäre und sekundäre Bestimmung 82

II. Die Stellungnahme zum Imperativenmonismus 83

III. Das Adressatenproblem 85

B. *Würdigung* 86

I. Das Sachproblem der Konkretisierung der Norm zur Pflicht 86

II. Die mangelnde Differenzierung in der Merkelschen Position 87

Fünftes Kapitel

Das Strafrecht

A. *Darstellung der Merkelschen Position* 89

I. Die allgemeine Funktion des Strafrechts Mittel zu bestimmtem Zweck 89

II. Die einzelnen Gegenstände der Strafrechtswissenschaft 89

    1. Die strafbare Handlung 89

    2. Die Zurechnung schuldhaften Verhaltens 92

        a) Äußere Tatseite 92

        b) Innere Tatseite 92

        c) Kausalität 92

        d) Schuldkonzept jenseits des Schulenstreits 94

    3. Die Strafe als zweckbestimmte Vergeltung 96

        a) Die Zweckbestimmtheit der Strafe 96

        b) Die Gerechtigkeit der Strafe 97

B. *Würdigung* 98

I. Das Problem des „schuldlosen" Unrechts 98

    1. Der Weg der Subjektivierung des Unrechts 98

    2. Die Trennung von Vorsatz und Unrechtsbewußtsein 100

    3. Neuere Theoreme zur Identifizierung von Schuld und Unrecht . 101

    4. Die notwendige Beziehung von Unrecht und Schuld 102

Inhaltsverzeichnis 13

II. Strafzweck und Schuldkonzept 104
    1. Die Unbeweisbarkeit tatsächlicher Freiheit 104
    2. Prävention und Schuld 105
        a) Die Position Roxins 105
        b) Die Position Jakobs 106
    3. Weiterentwicklung des Merkelschen Identitätskonzepts 108
        a) Präzisierung der Position Merkels 108
        b) Sicherung von Selbstdarstellung und Rollendistanz als realer Kern der Schuldzuschreibung 110
        c) Einüben in Rechtstreue durch Schuldzuschreibung 113

Zusammenfassung 119

Literaturverzeichnis 127

Zur Einführung

Adolf Merkel lebte von 1836 bis 1896. 1862 habilitierte er sich an der Universität Gießen und erhielt 1868 seinen Ruf als ordentlicher Professor nach Prag. Ein Jahr vorher war seine erste größere Arbeit unter dem Titel „Kriminalistische Abhandlungen" erschienen. Mehr und mehr rückten nun Untersuchungen über die Grundlagen einer allgemeinen Rechtslehre, einer umfassenden Strafrechtsphilosophie in den Vordergrund. 1874 erschien die Abhandlung „Über das Verhältnis der Rechtsphilosophie zur ‚positiven' Rechtswissenschaft und zum allgemeinen Teil derselben" und etwa gleichzeitig — nachdem er im Jahre 1872 einem Ruf nach Wien gefolgt war — „Der Begriff der Strafe in seinen geschichtlichen Beziehungen". Die theoretische Aufarbeitung der soziologischen Entwicklungslehren mit Bezug auf das Strafrecht, wie die Erklärung des Rechts als bestimmbare sozialpsychologische Realität, bildeten von da an das ständig wiederkehrende Thema Merkelscher Überlegungen.

Dabei wendete sich Merkel insbesondere gegen die idealistische Interpretation der Rechtswirklichkeit.

Eine wesentliche Leistung Merkels liegt wohl darin, im Theorienstreit um eine richtige Schuld- und Strafkonzeption eine eigenständige, vermittelnde Position aufgewiesen zu haben. Sowohl die „Klassiker" wie die Vertreter der „neuen Schule" krankten in der Behandlung des Strafzweckproblems wie in der Lehre von der Verantwortlichkeit an dem Dogmatismus, „die Erscheinungen des Rechtslebens nach gegebenen Begriffen zu meistern und das, was sich nicht aus diesen ableiten oder in Einklang bringen läßt"[1], als bedeutungslos anzusehen.

Die „Juristische Enzyklopädie" enthält eine Anwendung der Merkelschen Überlegungen für alle Bereiche des Rechtslebens.

Gegen Ende seines Lebens beschäftigte sich Merkel zunehmend mit sozialwissenschaftlichen Fragestellungen, in der Annahme, somit einen übergreifenden Systemgesichtspunkt für eine allgemeine Rechtslehre und Rechtsdogmatik zu gewinnen. Diesen „modernen" Ansatz seiner Überlegungen konnte Merkel nicht mehr systematisch entfalten. Hinterlassen sind uns nur die „Fragmente zur Sozialwissenschaft".

---

[1] *Merkel*, Rechtliche Verantwortlichkeit, in: Ges. Abh., S. 874.

Zur Einführung

Die Rechts- insbesondere die Strafrechtstheorie Adolf Merkels hat nicht die Beachtung gefunden, die sie prätendiert. Denn im Gegensatz zur pauschalen Betrachtungsweise, ihn als reinen Positivisten zu kennzeichnen, arbeitete Merkel zeitlebens daran, über die gelegentliche Interpretation positiver Rechtsbestimmungen hinaus eine Theorie zu entwickeln, die in allen ihren Teilen eine durchdachte und vertiefte Grundlage der allgemeinen Rechtslehre wie der allgemeinen Strafrechtslehre bieten sollte.

Ein Grund, warum das Werk Merkels nicht so eingeschlagen ist wie etwa das seiner Zeitgenossen Binding und von Liszt, liegt darin, daß er nie zu einer in sich abgeschlossenen Darstellung seiner Theorie gekommen ist. Sein Werk ist in gewisser Hinsicht — vom äußeren sozusagen — ein Torso geblieben.

Merkel führt seine Thesen zumeist in kürzeren monographischen Darstellungen, Gedenkreden oder Buchbesprechungen aus. Sie liegen jetzt in seinen „Gesammelten Abhandlungen" vor. Und obwohl sie äußerlich fragmentarischen Charakter haben, gilt für diese Ausführungen gleichermaßen, was Merkel in der Vorbemerkung zum „Lehrbuch des deutschen Strafrechts" gesagt hat: „Den umfangreicheren Lehrwerken über das Strafrecht gegenüber behauptet sich ein Interesse, den *wesentlichen* Gehalt dieses Rechtsteiles unter tunlichster Hervorhebung und Klarstellung seiner Grundgedanken im engeren Rahmen zur Darstellung zu bringen."

Ein anderer Grund, warum Merkels Thesen sich nicht so durchsetzten, liegt in ihrer Art, gegenseitige Standpunkte (so z. B. bezüglich des Schulenstreites in der Frage einer naturalistischen oder ethischen Strafbegründung) auszugleichen und vom eigenen methodischen Standpunkt ausgehend eine Synthese herbeizuführen. Eine solche Harmonisierung gegenseitiger Standpunkte verliert als Theorie häufig deshalb an Einprägsamkeit, weil die Gegensätze sich schon eingeschliffen und „dogmatisch" verfestigt haben.

Da Einzeluntersuchungen über das gesamte System Merkels, soweit ersichtlich, noch nicht vorliegen, besteht das Untersuchungsziel der Arbeit darin, die gesamte Theorie in ihren modernen Bezügen zu erörtern.

Dabei sind zwei Hauptaufgaben zu bewältigen.

Einmal ist der Theoriecharkter der Gedankenführung Merkels selbst erst aufzuzeigen, d. h. unter weitgehendem Verzicht auf eine entwicklungsgeschichtliche Untersuchung (z. B. weltanschauliche Grundlagen der Lehre Merkels) die Theorie rein in ihrem logischen Aufbau, ihrer Methode und ihrem gedanklichen Fortschreiten auf das zu Erklärende hin zu untersuchen. Von der dogmatischen Seite her betrachtet, bedeutet dies: Es stellt sich nicht zuerst das Problem, eine bestimmte Lehre von ihren geschichtlichen Voraussetzungen her zu verstehen, sondern es handelt sich um die Ermittlung des überzeitlichen, übergeschichtlichen Gehaltes eines Geisteswerkes.

So ist Untersuchungsgegenstand einmal die Stringenz und Konsequenz der Gedankenführung Merkels, wobei die schon oben angedeutete Schwierigkeit besonders ins Gewicht fällt: Wie soll man einen Gedankengang darstellen, der nie als Theorie im strengen Sinne systematisch durchgeführt wurde? Das essayistische Vorgehen Merkels ist hier besonders zu berücksichtigen.

Zum anderen geht es darum, ausgehend von den Forschungsergebnissen Merkels, die Grenzen strafrechtlicher Dogmatik und Theoriebildung aufzuweisen.

Der Verfasser sieht die Aufgabe so, daß er zunächst die wissenschaftstheoretische Grundlegung, dann die abstrakteren Begriffe, die allgemeinsten Elemente in der allgemeinen Rechtslehre Merkels, erläutert und sie dann im Erklärungszusammenhang auf die konkreten Ziele hin (Vorwerfbarkeit und Strafe) darstellt.

Die zweite Hauptaufgabe wird darin bestehen, das kritische Fundament, die Sonde eigener dogmatisch kritischer Einordnung zu finden.

Es geht hier um die Frage nach den Grundpositionen jeder Strafrechtsdogmatik, die sich im Anschluß an die Arbeiten Welzels, Stratenwerths und Armin Kaufmanns zuletzt auf das Problem der sachlogischen Struktur im Recht zuspitzte. Es geht um die Frage der Begründung des Rechts, hier gerade mit Bezug auf die speziellere Strafrechtsdogmatik.

Inwieweit auf diesem Gebiet die Untersuchungen Merkels und seine Absicht, die in „persönlichem Zwist und in unsachlichem Dogmatismus" erstarrten Fronten zu überwinden, für die heutige Diskussion fruchtbar zu machen ist, wird die Arbeit zeigen. Sie wird besonders darauf einzugehen haben, daß schon Merkel die Grundbegriffe des Strafrechts auf der Grundlage ihrer historischen Entwicklung, sozialen Bedingtheit und Verflechtung mit den politischen Ideen entwickelt hat, ein Ansatzpunkt, der sich gerade heute zunehmend wiederfindet. Es wird um den Realismus in der Jurisprudenz gehen.

Die Darstellung des Merkelschen Systems unterscheidet sich grundlegend von den beiden bis jetzt erschienenen Arbeiten über Merkel dadurch, daß sie erstmals die wissenschaftstheoretischen Voraussetzungen in ihrem umfassenden soziologischen Ansatz aufgreift und auf die feinsten dogmatischen Verästelungen hin verfolgt. Damit ist ein Gesichtspunkt hervorgehoben, der von vornherein die Verschränkung von Dogmatik und Faktizität prätendiert. Die Normlogik ist verwiesen auf die Kenntnis des lebenden Rechts, seiner Entwicklungsgesetze und der Gesetze seiner Wirksamkeit.

Erstes Kapitel

Grundpositionen einer realistischen Rechtstheorie

A. Wissenschaftstheoretische Grundlagen

I. Darstellung der Merkelschen Position

1. Der sozialwissenschaftliche Ansatz

Bezeichnenderweise hat Merkel Ausführungen, die zur Abklärung seines wissenschaftstheoretischen Standpunktes führen könnten, in einer Zeit des Umbruchs im Denken in seinen „Fragmenten zur Sozialwissenschaft" geleistet.

Bezeichnend ist erstens, daß Adolf Merkel zum Ende seines wissenschaftlichen Schaffens über Fragen der allgemeinen Rechtslehre und der Rechtsdogmatik als übergreifenden Systemgesichtspunkt einen umfassenden sozialwissenschaftlichen Ansatz wählte, und bezeichnend ist zweitens der fragmentarische Charakter dieses theoretischen Ansatzes. In beidem, ohne auf den Inhalt der Untersuchungen Merkels schon jetzt genauer einzugehen, ist Merkel modern. Fragen der Interdependenz von gesamtgesellschaftlicher Entwicklung und Recht stehen in Rechtstheorie und Rechtssoziologie auf der Tagesordnung. Sie sind bislang mehr oder weniger bruchstückhaft angegangen und beantwortet worden[1].

Merkel sieht in der Soziologie die von der Zukunft zu erhoffende „Ergänzung und Zusammenfassung derjenigen Wissenschaften, welche soziale Strukturverhältnisse rechtlicher, ethischer, religiöser oder wirtschaftlicher Art und deren Bildungsgesetze zum Gegenstand haben"[2]. Da die Einzelwissenschaften jeweils nur Teilaspekte der tatsächlichen Lebensverhältnisse erhellen können, in Wirklichkeit aber diese Verhält-

---

[1] Vgl. zu den grundsätzlichen Bemühungen um die Integration der Sozialwissenschaften in die Rechtswissenschaft bzw. deren Interdependenz: *Girtler*, Rechtssoziologie — Thesen und Möglichkeiten; *Grimm* (Hrsg.), Rechtswissenschaft und Nachbarwissenschaften, Bd. I; *Lautmann*, Soziologie vor den Toren der Jurisprudenz; *Maihofer*, Die gesellschaftliche Funktion des Rechts; *Naucke*, Über die juristische Relevanz der Sozialwissenschaften; *Rottleuthner*, Rechtswissenschaft als Sozialwissenschaft; *Ryffel*, Rechtssoziologie.

[2] *Merkel*, Besprechung von L. Gumplowicz, „Soziologie und Politik", in: Ges. Abh., S. 725.

nisse „überall miteinander verknüpft und voneinander abhängig sind", findet der Gesamtprozeß der gesellschaftlichen Entwicklung in der „Kulturgeschichte seine anschauliche Darstellung, in der Soziologie seinen theoretischen Ausdruck". Merkel weist demnach — angetan von der Methode der Naturwissenschaften — der Soziologie die Aufgabe zu, die kausalen Beziehungen zwischen wirtschaftlichen Verhältnissen, ethischen Anschauungen, Recht usw. zu „beleuchten und Leben und Bau des gesellschaftlichen Körpers in ihrer Totalität"[3] darzulegen.

2. Die erkenntnistheoretischen und methodischen Voraussetzungen der Sozialwissenschaft

Merkel ist angetreten, um *realistische* Wissenschaft zu betreiben, nicht *idealistische*. Er entwickelt seine eigene wissenschaftstheoretische Position in Auseinandersetzung mit der „idealistischen Doktrin".

Bei der idealistisch betriebenen Wissenschaft handelt es sich „um die Herstellung einer Übereinstimmung der gegebenen Zustände mit den Anforderungen, die der Beurteilende an dieselben stellt"[4].

Typisch für diese Methode sei, daß sich bei ihr ein kritisches Interesse bemerkbar mache, welches bestimmte Wertvorstellungen verabsolutiere und als Maß annehme. Kritisch ist hier in Gegensatz genommen zu analytischem Vorgehen. „Die idealistischen Systeme bemühen sich also nicht um die Herstellung einer Übereinstimmung unserer Vorstellung mit den Verhältnissen der Wirklichkeit, sondern sie nehmen für sich in Anspruch, ein von dem Seienden sich emanzipierendes, ja demselben sich entgegensetzendes Bewußtsein von dem Seinsollenden zu haben[5]." So substituieren die idealistischen Doktrinen nach Auffassung Merkels realen Faktoren logische Prinzipien von immer gleicher Geltung, welche in unveränderlicher Ruhe und Harmonie stets die nämliche Beurteilung an die Hand geben. „Die Resultate der Bemühungen um Erkenntnis dessen, was ist, gestalteten sich bei den idealistischen Wissenschaftlern alsbald um zu einer Lehre von dem, was sein soll[6]." Merkel illustriert dieses nach seiner Ansicht unwissenschaftliche Vorgehen an folgendem Beispiel: Die organische Staatslehre sei durch den Besitz der Erkenntnis ausgezeichnet, daß in der Entwicklung und in den Verhältnissen und Funktionen der Staaten wichtige Analogien zum Leben des organischen Körpers gegeben seien. „Diese Erkenntnis gestaltete sich aber alsbald zu

---

[3] *Merkel*, Besprechung von L. Gumplowicz, „Soziologie und Politik", in: Ges. Abh., S. 726.
[4] *Merkel*, Fragmente, S. 18.
[5] *Merkel*, Fragmente, S. 19.
[6] *Merkel*, Fragmente, S. 20.

einer *Forderung*⁷." Die Übereinstimmung, welche tatsächlich bestehe, solle bestehen bleiben und konserviert werden. Man bekämpfe folglich gewisse Einrichtungen (z. B. das allgemein direkte Wahlrecht) als unorganisch und befürworte andere, weil sie dem Begriff des Organismus entsprächen. Plastischer noch als dieses Beispiel illustriert ein anderes Bild den von Merkel gemeinten Zusammenhang. „Unsere geistigen Kämpfe auf diesem Gebiet lassen sich zu einem Gutteil mit edlen Rittern vergleichen, welche ausziehen, um einen jeden zu dem Bekenntnis zu zwingen, daß die Dame, der sie huldigen, unter allen die schönste sei⁸."

Merkel sieht demnach die Hauptgefahr idealistisch betriebener Wissenschaft darin, die Frage, was *geschehe*, allzu schnell zu verknüpfen mit der Frage, was geschehen *solle*⁹. Das beobachtete Merkmal werde allzu eilfertig zu einem Maßstabe, nach welchem der Gegenstand, an dem man es beobachtet hatte, beurteilt werde. Merkel sieht die Gefahr, daß jedes bescheidenste Erkenntnisbruchstück sofort zur „kritischen" Waffe umgewandelt werde, mit welcher dann ungeduldig die Werkstätte objektiver Forschung verlassen werde, um sich an den Kämpfen der Zeit zu beteiligen¹⁰.

Es genügt diesem methodischen Vorgehen nicht, das was ist, in seinen kausalen Beziehungen zu ergründen, sondern es sollte sogleich geprüft und festgestellt werden, ob das, was geschieht, denn auch das „Rechte" sei. Ein kritisches, an Werten verschiedenster Art orientiertes Interesse mache sich als treibende Kraft ständig bemerkbar¹¹.

Demgegenüber — so bestimmt Merkel positiv — habe sich die Wissenschaft unter Beiseitelassung materieller und idealer, egoistischer und ethischer Interessen und der sich daraus herleitenden Maßstäbe des Urteils um die Erforschung des *wirklichen* Lebens und seiner Faktoren sowie der Gesetzmäßigkeiten zu bemühen, welche in der Verkettung der Erscheinungen hervorträten¹². Somit liegt die Aufgabe der Wissenschaft — „realistisch" betrieben — „in der fortschreitenden Konzentration unserer Kenntnisse von den im Bereiche des gesellschaftlichen Lebens wirksamen Kräfte und den Regelmäßigkeiten in dem Ablauf desselben und bzw. in der Gewinnung von Gesichtspunkten, unter welchen sich eine solche Konzentration in zwangloser und umfassenster Weise vollziehen kann"¹³.

---

[7] *Merkel*, Fragmente, S. 20 mit der Hervorhebung von Merkel.
[8] *Merkel*, Fragmente, S. 19.
[9] *Merkel*, Fragmente, S. 2 mit der Hervorhebung von Merkel.
[10] *Merkel*, Fragmente, S. 21.
[11] *Merkel*, Fragmente, S. 18.
[12] *Merkel*, Fragmente, S. 2 mit Hervorhebung von Merkel.
[13] *Merkel*, Fragmente, S. 3.

A. I. Darstellung der Merkelschen Position

Soll etwa das Parteiwesen[14] erklärt werden, so „handelt es sich darum zu erkennen und darzulegen, was sie *sind*, wie die letzten Gründe ihrer Existenz und der allgemeine Charakter ihrer Wirksamkeit sich tatsächlich bestimmten und wie sie sich zu den allgemeinen Bedingungen gesellschaftlicher Entwicklung verhalten"[15].

Merkel bestreitet im übrigen nicht die Notwendigkeit der Herausbildung idealistischer Leitbilder, bemerkt aber einschränkend, daß bei richtigem, methodisch exaktem wissenschaftlichen Vorgehen — Aufzeigen von Kausalbeziehungen — die idealistischen Doktrinen für die notwendige „wachsende Selbsterkenntnis" nichts leisten.

Bei der Frage nach dem „Soll" kann die wissenschaftliche Theorie nur beschränkt Auskunft geben. Die Richtigkeit von Wertungen, mögen sie auf einem Klasseninteresse beruhen, dem Selbständigkeits- und Freiheitstrieb, der Friedens-, Gerechtigkeits- und Vaterlandsliebe, kann wissenschaftlich nicht erwiesen werden[16]. Die Wissenschaft kann nicht von einer bestimmten Weise des Empfindens, von bestimmten Gemütseigenschaften und Richtungen des Begehrens beweisen, daß man sie haben solle oder nicht haben solle. Merkel vermutet, die ständigen Versuche, ethische Werte wissenschaftlich ableiten zu können, beruhten auf der Furcht, die Dignität der ethischen Überzeugungen könnte Schaden leiden, wenn ihnen nicht das Etikett der wissenschaftlichen Ableitung angeheftet werden könnte. Die Quellen der sittlichen Entscheidung „liegen nicht im Herrschaftsbereich der Doktrin (Theorie) und sind in ihrer Lebendigkeit nicht von der Beweiskraft der von dieser zu ihren Gunsten ins Feld geführten Argumente abhängig"[17].

Es sind nicht wissenschaftliche, theoretische Gründe, die zu einer bestimmten Werthaltung führen, sondern es sind „reale Faktoren, welche in der Welt der Werte herrschen". Die Verschiedenheit der jeweiligen Existenzbedingungen des Volkes wie des einzelnen mit der ihm je eigenen Empfindungsweise ist Realgrund der Wertungen.

Die Wissenschaft ist nach Merkel lediglich in der Lage, die Wirksamkeit der den Wertungen zugrunde liegenden Kräfte (Freiheitstrieb, Friedens-, Gerechtigkeitsliebe usw.) „im Bereich des Volkes- und Einzellebens und die Bedingungen erfolgreicher Betätigung derselben darzu-

---

[14] Merkel hat in den „Fragmenten zur Sozialwissenschaft" die „realistische Methode" beispielhaft an seiner subtilen Untersuchung über das Parteiwesen vorgeführt; diese Analyse bietet eine noch heute anregende und weitgehend zutreffende Beschreibung der Organisation und Funktion einer Parteiendemokratie.

[15] *Merkel*, Fragmente, S. 1 mit der Hervorhebung bei Merkel.
[16] *Merkel*, Fragmente, S. 17.
[17] *Merkel*, Fragmente, S. 23.

legen"[18]. Außerdem kann die Wissenschaft zur Durchsetzung bestimmter Werthaltungen beitragen, „indem sie die ihnen an die Hand gegebenen Aufgaben und die Mittel und Wege zu ihrer Lösung klarstellt, dadurch, daß sie die Konsequenzen dieser Lösung, sowie diejenigen ihrer Verteilung bestimmt und dabei die entgegenstehenden Vorurteile zerstört"[19].

Die Option Merkels für die naturwissenschaftliche Methode als eigentlich wissenschaftlicher verstellt ihm jedoch nicht den Blick dafür, gerade bei der Beschäftigung mit den „sozialen Dingen"[20] neben der Frage nach dem, was geschieht, die Berechtigung der Frage nach dem, was geschehen soll, anzuerkennen. Das „ewige" Problem der Scheidung von Sein und Sollen, von Wirklichkeit und Wert wird von Merkel in seinen fragmentarischen Vorüberlegungen zu einer Theorie der Sozialwissenschaften nur knapp angesprochen. Das kritische, das wertende Erkenntnisinteresse, welches darauf gerichtet ist darzulegen, wie das Rechtsleben sich entwickeln und welchen Inhalt es vor allem bewahren soll, hat durchaus seinen Platz bei der geistigen Bewältigung des Dualismus von Sein und Sollen. In dem beständigen Meinungskampf über das, was sein soll, kann die Theorie keine neueren Ziele setzen, wohl aber die Form der Auseinandersetzung beeinflussen und das Maß unnützen Kraftaufwandes mindern[21].

Indem die Theorie so die tatsächlichen Voraussetzungen und Konsequenzen von Werthaltungen freilegt, gewinnt sie nach Merkel eine eigenständige Bedeutung für die Entwicklung der Menschheit, ähnlich wie die wachsende Selbsterkenntnis für den einzelnen von Bedeutung sei. Als realistisch betriebene Wissenschaft, die darauf gerichtet ist, sich eine umfassende Anschauung von den bewegenden Kräften (Werthaltungen) und den im wechselvollen Spiel des Lebens beherrschenden Kräften zu beschaffen[22], ist sie auch beteiligt an der Korrektur und Bildung von Idealen, „welche der Gesellschaft auf ihrem Weg zu höheren Lebensformen und befriedigenderen Zuständen als leitende Sterne vorschweben"[23].

II. Würdigung

Die Merkelsche Position von Gegenstand und Methode der Sozialwissenschaften zeigt einerseits die Spuren der naturalistischen Philo-

---

[18] *Merkel*, Fragmente, S. 21.
[19] *Merkel*, Fragmente, S. 22.
[20] *Merkel*, Fragmente, S. 2.
[21] *Merkel*, Fragmente, S. 25.
[22] *Merkel*, Fragmente, S. 14.
[23] *Merkel*, Fragmente, S. 2.

A. II. Würdigung

sophie des 19. Jahrhunderts, andererseits werden auch die Parallelen zu modernen Konzeptionen und Auseinandersetzungen deutlich.

Die Faszination der naturwissenschaftlichen Methoden, wie sie im Positivismus der zweiten Hälfte des 19. Jahrhundert auf die wissenschaftliche Diskussion durchschlug, prägt auch das Merkelsche Vorgehen. Nachdem die idealistische Philosophie in Hegel kulminierte und die deutsche Philosophie nach der gewaltigen Anstrengung „Hegels und seiner Zeit"[24] Atem schöpfte, öffnete sich die philosophische Diskussion für westeuropäische Theorien, die im philosophisch-sozialwissenschaftlichen Positivismus ihren Ausdruck fanden[25].

In der „Soziologie"[26] Auguste Comtes macht sich der Einfluß der Naturwissenschaften geltend. Wie die Naturwissenschaften zur Beherrschung der Natur beitragen, so soll die Soziologie die Gesetzmäßigkeit und Planbarkeit kultureller Erscheinungen leisten; wobei die beobachtende, experimentelle Methode die Erkenntnisquelle ist. Der Gesetzesbegriff wird an dem Dogma der mechanischen Kausalität festgemacht[27].

Im englischen Raum führten J. St. Mill und Spencer unter Rückgriff auf Comtes Untersuchungen die positivistische Theorie weiter. Merkel seinerseits rühmt die „lehrreichen" Ausführungen Spencers[28] und ist besonders — wie noch zu zeigen sein wird — in seinen Überlegungen zu einer Entwicklungstheorie von diesem stark beeinflußt worden. Das neue Programm, unter Zurückdrängung metaphysischer und spekulativer Konstruktionen die Mechanik der Gesellschaft offenzulegen, „beruhte auf der Reduktion der sinnvernehmenden (sinndeutenden) Vernunft auf den daseinsorientierten, technisch instrumentalen Verstand"[29].

Ob der wissenschaftliche Anspruch, sich bei der Erfassung der Gesellschaft nur auf empirisch feststellbare Tatsachen und Zusammenhänge von Tatsachen zu beschränken, durchzuhalten ist oder ob damit der Dichotomie von Sein und Sollen, von Tatsachen und Werten Gewalt angetan wird, ist bis auf den heutigen Tag zentraler Streitpunkt der wissenschaftstheoretischen Grundlegung einer umfassenden Soziologie.

Merkels wissenschaftstheoretische Haltung zu einer Zeit des Aufbruchs dieses neuen Wissenschaftszweiges ist bei näherem Hinsehen

---

[24] So der Titel von Hayms Untersuchung zu „Hegel und seine Zeit".
[25] Vgl. im einzelnen die ausführliche Untersuchung *Welzels*, Naturalismus und Wertphilosophie.
[26] Die Kreation dieses Begriffes wird Comte zugeschrieben, so von *Kolakowski*, Die Philosophie des Positivismus, S. 76.
[27] *Welzel*, Naturalismus und Wertphilosophie, S. 32.
[28] *Merkel*, Fragmente, S. 23.
[29] *Welzel*, Naturrecht, S. 183.

nicht so einseitig durch die Adaption der naturwissenschaftlichen Methode gekennzeichnet wie bei vielen seiner Zeitgenossen. Er nimmt eine differenzierende Haltung zum Verhältnis von Theorie und Praxis ein. Die Einordnung Merkels wird in der Literatur durchaus kontrovers vorgenommen. Moos[30] rechnet Merkel den naturalistischen Positivisten zu. Holzhauer stellt schlicht fest: „Merkel ist Positivist"[31]. Nagler hingegen lobt Merkel, weil er sich so trefflich gegen die naturwissenschaftliche Methode wende[32]. Berolzheimer indessen geht noch einen Schritt weiter und beschreibt Merkels Lehre als neu erwachsenden Idealismus[33]. Im neueren Schrifttum wird Merkel attestiert, „daß er der gefährlichen Faszination des wissenschaftlichen Positivismus nicht erlegen war"[34].

Merkel selbst hat entschieden die dogmatische Verengung kritisiert, die die Anwendung naturwissenschaftlichen Denkens in Gestalt der modernistischen Strafrechtstheorie von Liszts erfahren hat[35]. Die Tatsache, daß Merkel sich gleichermaßen gegen die Dogmatisierung der idealistischen wie der naturalistischen Theorien gewendet hat, ist bisher deshalb kaum gesehen worden, weil Merkel die Frontstellung gegen die idealistische Doktrin auf rechtsphilosophischem und strafrechtlichem Gebiet zeitlich zuerst prononciert aufgebaut hat. 1874 erschien der bedeutende Aufsatz „Über das Verhältnis der Rechtsphilosophie zur ‚positiven' Rechtswissenschaft und zum allgemeinen Teil derselben", in dem, wie Schönfeld konstatiert, „alles gesagt ist, was den Positivismus zum Positivismus macht"[36]. Danach erfolgt ein breit angelegter und tiefgründiger „Angriff unpersönlicher Art" gegen Hälschner und den Idealismus in der deutschen Strafrechtswissenschaft[37].

Merkel wendet sich zunächst gegen den Idealismus, weil diese Theorie in einer unmittelbar auf Kant und Hegel fußenden dogmatisierenden Abgeschlossenheit von ihm vorgefunden wurde. Später jedoch, nachdem die Naturwissenschaft sich der traditionellen Felder der Geisteswissenschaft mehr und mehr bemächtigt hatte, und die neue positive Methode ihrerseits in sich abgeschlossene und verabsolutierte Erklärungsmodelle

---

[30] *Moos*, Der Verbrechensbegriff, S. 461 in Fn. 323.
[31] *Holzhauer*, Willensfreiheit, S. 170.
[32] *Nagler*, Die Strafe, S. 19 in Fn. 3.
[33] *Berolzheimer*, System, Bd. II, S. 462.
[34] *Achenbach*, Historische und dogmatische Grundlagen, S. 46.
[35] Vgl. *Merkel*, Rechtliche Verantwortlichkeit, in: Ges. Abh., S. 874.
[36] *Schönfeld*, Grundlegung, S. 511.
[37] Vgl. *Merkel*, Über „das gemeine deutsche Strafrecht" von *Hälschner*, und den Idealismus in der Strafrechtswissenschaft, in: Ges. Abh., S. 429 ff.; zuerst erschienen in der ZStW von 1881; auf die spezifische strafrechtstheoretischen Position, die Merkel hier entwickelt, wird im Abschnitt über das Schuldkonzept näher eingegangen.

entwickelt hatte, wurde der neue Doktrinarismus von Merkel scharf angegriffen[38].

Er wirft jener theoretischen Bewegung der „neuen Horizonte" vor, sie schieße über das Ziel hinaus, wenn sie die völlige Verneinung individueller Verantwortlichkeit postuliere. Die Einseitigkeit „liegt in einer Unterschätzung des Selbständigkeitstriebes und der eigenen Bedeutung der Einzelpersönlichkeit. Alles Leben und aller Fortschritt beruht darauf, daß das individuelle Bewußtsein nicht lediglich die umgebende soziale Welt wie der Bach den Wald, den er durchfließt, spiegelt, sondern einen eigenen Bildungstrieb, einen selbständigen Quellpunkt *geistigen Lebens* in sich schließt"[39].

Merkel wendet sich dagegen, von den Naturwissenschaften zu erwarten, sie könnten unmittelbar bei der Entscheidung ethischer Fragen angewandt werden. „So viel wie von den Naturwissenschaften, u. a. in bezug auf Selbstbescheidung den Tatsachen gegenüber zu lernen ist, die Lösung der uns gestellten Probleme geben sie selbst uns nicht an die Hand[40]." Die Gesellschaft wende sich in wichtigen Teilen von transzendenten und idealen Interessen ab und mit einer neueren Ausschließlichkeit den elementaren materiellen Bedingungen ihres Bestandes zu. Mit gleicher Energie wende sich die Forschung der Welt der äußeren Sinne und der elementaren Vorgänge zu. „Vielen erscheint hierbei die Welt der Atome, wenn nicht als das allein Reale, so doch als das *Prius*, demgegenüber der Welt des Geistes keine Selbständigkeiten zukomme, und wohl auch als der einzige Gegenstand einer möglichen Wissenschaft[41]."

Nach diesen differenzierenderen Stellungnahmen über den eigenen wissenschaftstheoretischen Standort, zunächst in Gegensatz genommen zu den herrschenden Doktrinen in der zweiten Hälfte des 19. Jahrhunderts, ist es verwunderlich, daß Merkels Auffassung so eindeutige Klassifizierungen erfahren hat, wie „eigentlich ist Merkel Positivist"[42]. Stellungnahmen solch apodiktischer Natur sind entweder so zu erklären, daß die ganze Breite Merkelschen Denkens in ihrer historischen und dogmengeschichtlichen Verankerung nicht nachvollzogen worden ist, oder ist darauf zurückzuführen, daß für die Beurteilung der eigenartig vermittelnden Position — zwischen einseitig idealistischen und natura-

---

[38] Vgl. insbesondere die in den 90er Jahren erschienenen Beiträge — Rechtliche Verantwortlichkeit, in: Ges. Abh., S. 873 ff. erschienen 1895; Rudolf von Jhering, in: Ges. Abh., S. 733 ff., erschienen 1893; schließlich die sozialwissenschaftlich orientierten Arbeiten, die Merkel gegen Ende seines Lebens begonnen hatte und die in den Fragmenten zur Sozialwissenschaft vorliegen.
[39] *Merkel*, Vergeltungsidee und Zweckgedanke im Strafrecht, in: Ges. Abh., S. 713.
[40] *Merkel*, Rechtliche Verantwortlichkeit, in: Ges., Abh., S. 874.
[41] *Merkel*, Fragmente, S. 72.
[42] *Barth*, Die Rechtslehre Adolf Merkels, S. 111.

listischen Theorien — ein begriffliches Instrumentarium noch nicht entwickelt war. Erst im Anschluß an Max Webers Arbeiten über „Die wertfreie Wissenschaft"[43], hat die Soziologie die andrängenden Klärungen in Angriff genommen.

Merkel selbst hat seine theoretische Position nicht nur in Abgrenzung zu den dogmatisch verfestigten Doktrinen seiner Zeit formuliert, sondern in seinen späteren Arbeiten — wenn auch unabgeschlossen — die Grundzüge einer Entwicklungstheorie entworfen, in der er das Verhältnis von Theorie und Praxis, Faktizität und Wertung angeht.

B. Das Konzept einer Entwicklungstheorie

I. Darstellung der Merkelschen Position

Bei der Aufgabe, eine sozialwissenschaftlich orientierte Entwicklungstheorie zu begründen, „ist das Begehren des wissenschaftlichen Geistes darauf gerichtet, sich eine umfassende Anschauung von den bewegenden Kräften und den in dem wechselvollen Spiel des Lebens beharrenden Elementen zu verschaffen"[1]. Wenn es nämlich möglich sei, im Sinne der von Ranke durchgeführten These, in einer darstellenden Geschichtsschreibung eine Anschauung von der Entwicklung der in der Geschichte wirksamen moralischen Energien und den Bedingungen derselben zu gewinnen, so könne es auch nicht als unmöglich gelten, das Angeschaute im Bereich der Sozialwissenschaften zu verwerten und über das Durchgehende und Regelmäßige darin uns eine Rechenschaft in der der theoretischen Vernunft entsprechenden Form zu geben, so daß sich zur „entwickelnden Geschichte" auch eine Entwicklungstheorie finden werde[2].

Eine solche Theorie führt Merkel beispielhaft in bezug auf die Erklärung des Parteiwesens durch, wobei es ihm darauf ankam, die wechselseitige Abhängigkeit von Doktrinen (wissenschaftlichen Lehrmeinungen) und den Parteien und zugleich die gemeinsame Abhängigkeit beider von gleichen Ursachen darzulegen.

1. Die Bedeutung des Widerstreits realer Kräfte und Interessen für eine fortschreitende Entwicklung

Merkel sieht seine Aufgabe darin, nach den beharrenden Kräften zu forschen, welche sich in den Neigungen und Bestrebungen der Menschen

---
[43] Vgl. insbesondere Max Webers Abhandlung mit dem bezeichnenden Titel, „Der Sinn der ‚Wertfreiheit' der soziologischen und ökonomischen Wissenschaften"; vgl. auch die feinsinnige Analyse von *Loos*, „Zur Wert- und Rechtslehre Max Webers".
[1] *Merkel*, Fragmente, S. 6.
[2] *Merkel*, Fragmente, S. 14.

kundtun, und nach den Verhältnissen derselben zu den allgemeinen Bedingungen einer fortschreitenden Entwicklung[3]. In den Gegensätzen, welche in dem endlosen Kampf zwischen den Parteien in wechselnden Formen zur Erscheinung kämen, gäben sich die allgemeinen Gegensätze, welche die Entwicklung der Gesellschaft beherrschen, kund[4].

Merkel versucht dann, die Bedeutung von Interessengegensätzen und Meinungskämpfen für eine aufsteigende Linie der Entwicklung darzulegen. Die Parteiauseinandersetzung stellt für ihn lediglich eine besondere Form des Kampfes realer Kräfte und Interessen dar.

Der Kampf divergierender Interessen wird zum Motor der Entwicklung. „Wir können den im Gang der Entwicklung hervortretenden Kräften und Trieben ihr Recht nicht zusprechen, ehe sie sich geltend gemacht und in der Konkurrenz um den Spielraum des Lebens ihre verwandtschaftlichen Beziehungen und das Maß der in ihnen lebenden Energie ans Licht gestellt haben[5]." Indem solche Kräfte den Kampf mit den Mächten aufnähmen, welche bisher den von ihnen geforderten Raum besetzt hielten, setzten sie an die Stelle eines Zustandes der Ruhe und des Friedens den Streit. Dieser aber erscheine als eine Voraussetzung, nicht als ein Hemmnis der Verwirklichung des „suum cuique". Immer wieder beginne das Spiel antagonistischer Kräfte und zwar nicht neuer, jetzt erst auf dieser Stufe in die Welt eingetretener, sondern ursprünglicher Kräfte. Mit einer definitiven Ausgleichung der Gegensätze werde für die Entwicklung zugleich ein definitives Ziel gesetzt. Eine weitere Steigerung und zugleich Bereicherung des Lebens, eine fortschreitende *Vervielfältigung seiner Formen* und eine Vertiefung seines Inhaltes werde nicht mehr in Aussicht stehen[6]. Der Wettbewerb um die Herrschaft über die Materialien des Lebens zwinge dasselbe zur Bewegung in aufsteigender Linie, wie der Zusammenstoß der Winde die Wettersäule sich erheben lasse, wie das Gegeneinanderwirken verschiedener Kräfte die Pflanze nötige, sich vom Boden zu erheben. „Ein Individuum, eine Gesellschaftsklasse, welche keine Hindernisse bei der Befriedigung ihrer Bedürfnisse mehr zu beseitigen hätte und welche in sich selbst nicht durch mannigfachen Widerstand bewegt und zum Handeln aufgereizt würde, von denen dürfen wir Taten nicht mehr erwarten[7]." Die den Fortschritt charakterisierende Bewegung erhalte sich überall dadurch, daß es den im Gesamtbereich des gesellschaftlichen Lebens konkurrierenden Kräften, Richtungen, Völkern, Gesellschafts-

---

[3] *Merkel*, Fragmente, S. 78.
[4] *Merkel*, Fragmente, S. 79.
[5] *Merkel*, Fragmente, S. 87.
[6] *Merkel*, Fragmente, S. 89/90.
[7] *Merkel*, Fragmente, S. 90.

klassen und Individuen wechselweise gelingt, sich in Vorteil zu setzen und den Zuständen an irgendeinem Punkte ihre Eigentümlichkeit einzuprägen. Ob nun der Widerstreit der Kräfte zu einer günstigen (progressiven) Entwicklung führt, soll nach Merkel daran gemessen werden, ob er (der Widerstreit) zur Ausbildung immer neuer Formen, immer reicherer und komplizierterer Gestaltungen führe, auf daß es den heterogenen Elementen möglich werde, sich nebeneinander auszubreiten und zu bestätigen[8].

2. Die Bedeutung der Wissenschaft für eine fortschreitende Entwicklung

a) Die Abhängigkeit der Theorie von konkreten Bedingungen

Eine eigenartige Bedeutung im Entwicklungsprozeß kommt nach Merkel der wissenschaftlichen Theorie, der Doktrin, wie er sich ausdrückt, zu.

„Die Wissenschaft ist von Haus aus ein Kind des Bedürfnisses, der praktischen Interessen und Impulse[9]." Sie habe ihre Wurzeln in dem Verlangen des praktischen Lebens, sich inmitten einer Welt teils feindlicher, teils begünstigender Kräfte zu behaupten und sich gegenüber den Einwirkungen, denen das Leben beständig unterliege, ein Gleichgewicht in der Welt des eigenen Bewußtseins zu erringen und beständigen Störungen gegenüber immer aufs Neue zu begründen.

„Jedoch ist der Überbau nicht lediglich Reflex der ökonomischen Bedingungen[10]." Vielmehr bemesse sich der geschichtliche Fortschritt der Wissenschaft vor allem an den Bedingungen, welche sie für die Lockerung ihrer Abhängigkeit von den sozialen und politischen Zuständen und von den die Gesellschaft jeweils beherrschenden Bedürfnissen, Affekten und Stimmungen gewinne.

Merkel ist überzeugt, daß die Wissenschaft die Widersprüche, welche in dem Verhalten der Gesellschaft hervortreten, nicht einfach widerspiegele, sondern, obwohl sie den gesellschaftlichen Bedingungen gegenüber bestimmbar bleiben, sich noch mehr als bestimmend ausweise.

Auf der einen Seite trage das Ergebnis theoretischer Arbeit meist die Spuren seines Ursprungs an sich. Die Theorien, in welchen sie ausmünde, ließen, wie lange auch der Weg sein möge, die Quellen (Bedürfnisse und Empfindungen) erkennen, durch welche sie zuerst ihren Anhalt und ihre Richtung empfangen hätten[11]. Jedoch sei es nicht richtig anzunehmen, die zugrundeliegenden Kräfte müßten sich zuerst auf

---
[8] *Merkel*, Fragmente, S. 91.
[9] *Merkel*, Fragmente, S. 76.
[10] *Merkel*, Fragmente, S. 77.
[11] *Merkel*, Fragmente, S. 72.

praktischem Gebiet ausgewirkt haben, ehe sie in der Lage seien, auf theoretischem zu adäquatem Ausdruck zu gelangen. „Handelt es sich um Bedürfnisse, zu welchen sich die gegebenen Verhältnisse in einem tief wurzelnden Gegensatz befinden, so ist es das Normale, daß jene sich zuerst im Reich der Phantasie und des *konstruierenden Verstandes* eine entsprechende Welt hervorbringen, nach deren Normen und Formen dann die wirkliche gemessen wird. Diese ideale Welt, mag sie auch anscheinend bloß wie zum Spiel oder nur einem bloß theoretischen oder künstlerischen Interesse an Genüge aufgebaut sein, bietet dann die Angriffsposition gegen die ihr widersprechende wirkliche[12]."

Hegels Satz, daß die Philosophie ihr Grau in Grau nur male, wenn eine Gestalt des Lebens alt geworden sei, sei nicht richtig: vielmehr entfalte sich der Genius, insbesondere der der Philosophie des Aufklärungszeitalters, in der Dämmerung des Morgens, er habe Zukunftsaspekt.

b) Die aufklärende Funktion der Theorie als realistisch betriebener Wissenschaft

Die fundamentale Aufgabe der Theorie bestehe darin, auszusprechen, was sei; denn das Verhältnis der maßgebenden Bedürfnisse zu den bestehenden Einrichtungen und Zuständen sei nicht immer durchsichtig und einfach. Die Doktrin übernehme sozusagen die Rolle von Regen und Sonnenschein, welche bisher verborgene Keime aus dem Boden hervorlockten und ihnen eine Entfaltung im Tageslicht ermöglichten. „Indem sie den Schein zerstört, welcher die Urteile bis dahin gefangen hielt, indem sie die Scheu vor imaginären Mächten und den Glauben an die wohltätigen Wirkungen bestehender Institutionen, die schädlichen Wirkungen solcher von entgegengesetzten Charakter vernichtet, kann sie gleichviel, ob sie neuen Aberglauben an die Stelle des alten setzt (idealistisches Vorgehen) oder sich im Berufe gemäß als *wirkliche Lichtbringerin* (realistisches Vorgehen) erweist, den Untergang einer gegebenen Gesellschaft herbeiführen[13]."

Somit beurteilt Merkel die Bedeutung der Theorie im Entwicklungsfortschritt dahingehend, daß in dem Maße, wie es der Wissenschaft gelingen wird, auf den Zusammenhang des geschichtlichen Lebens Licht zu werfen, es ihr auch gelingen wird, den die Gegenwart erfüllenden Kämpfen gegenüber (bestimmt von den idealistischen Positionen) eine freiere und stärkere Stellung zu haben und damit auch die Form und das Fundament solcher Auseinandersetzungen zu verändern, ihnen vollständiger gerecht zu werden. Mit der Einsicht in die Bedingungen einer

---

[12] *Merkel*, Fragmente, S. 74 mit Hervorhebung vom Verf.
[13] *Merkel*, Fragmente, S. 28 mit Einfügung und Hervorhebung vom Verf.

in aufsteigender Linie beharrenden und stetig fortschreitenden Entwicklung wird, so ist Merkel überzeugt, auch ein Wertmaß gewonnen werden, welches zwar ebensowenig wie irgend ein anderes sich als das allein gültige und als ein notwendig anzulegendes erweisen läßt, daß aber den Interessengegensätzen gegenüber sich als ein neutrales Maß ausweisen wird und uns somit Urteile an die Hand gibt, welche einer Gesellschaft nicht gleichgültig sein können, „so wenig wie der Einzelpersönlichkeit das Verhältnis ihrer Bestrebungen zu den Bedingungen einer aufsteigenden und ungestört fortschreitenden Entwicklung ihres besonderen körperlichen und geistigen Daseins gleichgültig sein kann"[14].

Sofern Einsicht in die Bedingtheit psychologischer und sozialpsychologischer Faktoren gewonnen wird, läßt sich auch Einfluß auf eine fortschreitende Entwicklung gewinnen. Die Frage nach dem Maßstab dessen, was Fortschritt ausmacht, wird wie die Formulierungen zeigen, jedoch nicht klar ausgeführt. So kann Merkel tatsächlich auch nur eine *Methodik* des wissenschaftlichen Vorgehens propagieren. Einsicht in die Bedingungen und Voraussetzungen, die unsere Empfindungen prägen, muß gewonnen werden. Selbsterkenntnis herbeizuführen, und zwar durch permanente geistige Auseinandersetzung und *Bemühung*, die die tatsächlichen Interessengegensätze aufzeigt und dabei neue Wege der Harmonisierung ergibt, das ist sein Programm.

II. Würdigung

1. Der evolutionistische Positivismus Spencers

In Merkels universalem Ansatz einer Sozialwissenschaft, wie in der Bestimmung des Fortschritts, sind die Spuren Herbert Spencers, des bedeutendsten Vertreters eines evolutionistischen Positivismus, unverkennbar[15].

Charakteristisch für Spencers groß angelegten, theoriegeschichtlich wohl ersten Versuch, eine geschlossene Theorie der Gesellschaft an Hand des vorliegenden ethnographischen Materials aufzubauen, sind zwei Kernüberlegungen, die sich bei Merkel wiederfinden. Erstens die Gesellschaft ist organisch und systemhaft aufgebaut, vergleichbar einem Organismus. Spencer hatte herausgefunden, „daß die fundamentalen

---

[14] *Merkel*, Fragmente, S. 15.
[15] Vgl. die eingehende Würdigung der Theorie Spencers durch *Welzel*, Naturalismus und Wertphilosophie, S. 30 ff.; einen guten Überblick über den geistesgeschichtlichen Weg des Fortschrittgedankens — die Emanzipation der Sozialwissenschaften aus der Geschichtswissenschaft, den ewigen Dualismus einer eher statisch-strukturellen oder eher historisch-dynamischen Betrachtungsweise von Aristoteles bis zur funktionalen Theorie Robert King Mertons — gibt *Dreitzel*, Problemgeschichtliche Einleitung, in: Sozialer Wandel (Hrsg. Dreitzel).

Gesetze der Organisation für einen sozialen Organismus dieselben sind wie für einen individuellen Organismus"[16]. Überall läßt sich nach Spencer eine tiefgreifende Analogie zwischen den Eigenschaften der Gesellschaft und den entsprechenden Qualitäten lebender Organismen beobachten[17].

Er zählt eine Reihe von Übereinstimmungen zwischen dem biologischen und dem sozialen Organismus auf, wobei er jedoch den Gedanken der völligen Identität von Gesellschaft und Organismus ablehnt. So weist er darauf hin, daß die Gesellschaft wachse wie die biologischen Organismen, und je nach dem Wachstum der Gesellschaft werde ihre Struktur komplizierter und sowohl im biologischen wie im sozialen Organismus gehe mit der progressiven Strukturdifferenzierung eine analoge Differenzierung der Funktionen einher[18].

Zweitens gibt Spencer eine Umschreibung des Fortschrittes, der sich in einer gesetzmäßigen Entwicklung vollzieht. Die Natur des Fortschrittes zeichnet sich durch die wachsende Differenzierung, durch den Übergang von homogenen zu heterogenen Strukturen aus. „Die Forschungen von Wolff, Goethe und von Baer haben nachgewiesen, daß die während der Entwicklung eines Samenkorns zu einem Baum oder eines Eies zu einem Tier ablaufende Veränderungsreihe einen Fortschritt von der Homogenität zur Heterogenität der Struktur darstellt[19]."

In der Entwicklung der Erde, des Lebens auf ihrer Oberfläche, der Gesellschaft, der Industrie und des Handels, der Sprache, der Literatur, der Wissenschaft und der Kunst finden wir dieselbe Entfaltung von dem Einfachen zum Komplexen durch sukzessive Differenzierung. Spencer motivierte seinen Fortschrittsglauben mit der Überlegung, das „Fortschrittsgesetz in seinen mannigfachen Erscheinungen als notwendige Folge eines in ähnlicher Weise universellen Prinzips zu interpretieren, wie die Keplerschen Gesetze als notwendige Folge des Gesetzes der Schwerkraft zu interpretieren sind"[20].

Die Organismusvorstellung, aber insbesondere der Gedanke, daß Fortschritt als Steigerung gesellschaftlicher Komplexität begriffen wird, hat auf Merkel nachhaltig gewirkt. Entwicklung wird auch bei Merkel identifiziert mit Steigerung und Bereicherung des Lebens durch „eine fortschreitende Vervielfältigung seiner Formen"[21]. Allerdings weist

---

[16] *Spencer*, Prinzipien der Ethik, S. 162.
[17] Vgl. im einzelnen dazu *Kolakowski*, Die Philosophie des Positivismus, S. 114 f.
[18] *Spencer*, Die Prinzipien der Soziologie, Bd. II, S. 20.
[19] *Spencer*, Evolutionstheorie, S. 123.
[20] *Spencer*, Evolutionstheorie, S. 128.
[21] *Merkel*, Fragmente, S. 90, sowie Merkels Beitrag über „Rechtsphilosophie" in: W. Lexis, Die deutsche Universitäten, S. 408, wo Merkel den Ent-

Merkels evolutionistischer Ansatz zu Spencer einem Differenzpunkt auf, der für das wissenschaftstheoretische Gesamtkonzept von entscheidender Bedeutung ist.

Spencer betrachtet die soziale Evolution als automatischen, unabwendbaren Vorgang. Die gesellschaftliche Entwicklung ist nach seinem Verständnis der totalen Mechanisierung aller Lebensbereiche insoweit vorherbestimmt, als daß „keine *Lehre* oder keine Politik dieselbe über ein gewisses durch das Verhältnis der organischen Veränderungen im menschlichen Wesen begrenztes Normalverhältnis hinaus fördern kann"[22]. „Das natürliche Wachstum der Intelligenz durch Kenntnis der kausalen Gesetze der materiellen Welt"[23] schiebt die Menschheit stufenweise vorwärts. Die Wissenschaft ist also nichts anderes als eine möglichst vollständige Zusammenfassung gängiger Beobachtungen.

2. Merkels differenzierender Standpunkt zwischen Historismus und Naturalismus

Bedeutung und Stellung der Wissenschaft für den Fortschritt wird in dem Versuch einer Entwicklungstheorie von Merkel in Auseinandersetzung mit der „historischen Ansicht" der Lehre Savignys entwickelt[24]. Nach Savigny ist die Geschichte als der einzige Weg zur Erkenntnis der Gegenwart anzusehen[25].

Merkel stellt dem der konservativen, religiösen Geschichtsauffassung zuneigenden Ansatz Savignys die radikale, dem Materialismus zugeneigte Gruppe der Darwinianer gegenüber[26]. Beide Ansichten träfen wesentliche Gesichtspunkte des Entwicklungsprozesses; nämlich Savigny das Element der Kontinuität mit der Tendenz zur Stabilisierung der bestehenden Verhältnisse, die Darwinianer das Element der Metamorphose[27]. Merkel hält nun der historischen Ansicht vor, sie dogmatisiere zu stark den Gedanken der totalen Abhängigkeit der Gegenwart mit

---

wicklungsgedanken als das zentrale Element der modernen Gedankenwelt (1893) bezeichnet und gleichzeitig auf die Forschungen Savignys hinweist.

[22] *Spencer*, Einleitung in das Studium der Soziologie, S. 255, Hervorhebung vom Verf.

[23] So die plastische Formulierung von Welzel für den Assimilationsprozeß, den die wissenschaftliche Erkenntnis nach Spencer durchläuft, Welzel, Naturalismus und Wertphilosophie, S. 40.

[24] Insbesondere in den Beiträgen, die in den Fragmenten abgedruckt sind; „Über den Begriff der Entwicklung in seiner Anwendung auf Recht und Gesellschaft", S. 45 ff. sowie „Die Vorgeschichte unserer nationalen Einheit und die wissenschaftliche Richtung Savignys und der geschichtlichen Rechtsschule", S. 102 ff.

[25] *Savigny*, Zeitschrift für geschichtliche Rechtswissenschaft I, S. 4, 6.

[26] *Merkel*, Fragmente, S. 48.

[27] *Merkel*, Fragmente, S. 49.

ihren Zuständen von der Vergangenheit. Es sei fehlerhaft, daß die Aufgabe der lebenden Generation niemals sein könne, irgendwo mit der Gestaltung ihrer Verhältnisse von vorn anzufangen, und daß Neuerungen, deren *Norm* nicht der gesetzmäßigen Entwicklung selbst entnommen und im Einklang mit ihr gefunden wurde, verwerflich seien und lediglich nichtige Ergebnisse liefern könnten[28]. Merkel bedauert, daß bei dieser Vorstellung der Gedanke der Autonomie der lebenden Generation zu kurz komme. Die so bezeichnete historische Ansicht scheide den kritischen Intellekt und die im Dienste des Ideals stehenden geistigen Kräfte aus der Reihe der aktiven, Impulse gebenden, den Fortschritt bestimmenden historischen Mächte aus und trage gewichtigen Tatsachen nicht Rechnung. „Sie erklärt nicht den revolutionären Charakter, den die Wissenschaft wiederholt gezeigt hat, und die ihr innewohnende Tendenz, die über dem vor uns liegenden Gebiet ausgebreitete Dunkelheit mit den Strahlen ihres Lichtes zu durchdringen und den Pfadfinder für die voranschreitende Menschheit abzugeben[29]." Merkel meint, die „historische Ansicht" sei ihrem eigenen Ansatz nicht treu geblieben. Richtig sei die Analyse, daß jeder gegebene Zustand auch des geistigen Lebens sich in vielseitiger Abhängigkeit befinde von lebendigen Kräften und als ein Moment in einem Prozeß, der in seiner Ausdehnung nicht zu überblicken und dessen Ziel nicht abzusehen sei, gedeutet werden könne. „Eine solche Auffassung schließt *jeden Dogmatismus* und jede Beruhigung bei einem Systeme von mehr oder minder sorgfältig bestimmter und in Zusammenhang untereinander gebrachter Begriffe aus[30]." Auffallend — und wie zu zeigen sein wird — für das Merkelsche Denken durchgehend charakteristisch ist die Ablehnung jedweder Dogmatisierung des wissenschaftlichen Vorgehens, mag sie vom idealistischen oder vom streng naturwissenschaftlichen Denken ihren Ausgang nehmen.

Merkel überwindet den im Evolutionismus Spencerscher Prägung wie den in der historisierenden Auffassung Savignys hervortretenden passiven lediglich aufnehmenden Theorie-Standpunkt und hebt den Stellenwert des *konstruierenden Verstandes* hervor. Oft sei es das Normale, daß bestimmte Bedürfnisse, die sich zu den gegebenen Verhältnissen in einem tiefgreifenden Gegensatz befänden, sich zuerst im Reiche der Phantasie und des *konstruierenden Verstandes* eine entsprechende Welt hervorbrächten, nach deren Normen und Formen dann die *wirkliche* gemessen werde. Die ideale Welt biete dann die Angriffsposition gegen die ihr widersprechende wirkliche Welt[31].

---
[28] *Merkel*, Fragmente, S. 54, Hervorhebung vom Verf.
[29] *Merkel*, Fragmente, S. 58.
[30] *Merkel*, Fragmente, S. 68, Hervorhebung vom Verf.
[31] *Merkel*, Fragmente, S. 74.

Die Wissenschaft sei zwar „von Haus aus ein Kind des Bedürfnisses, der praktischen Interessen und Impulse", aber es lebe eine Tendenz zur Unabhängigkeit in ihr[32]. Der geschichtliche Fortschritt der Wissenschaft bemesse sich nach den Bedingungen, „welche sie für die Lockerung ihrer Abhängigkeit von den sozialen und politischen Zuständen und von den die Gesellschaft jeweils beherrschenden Bedürfnissen, Affekten und Stimmungen gewinnt"[33]. So werde sie eine gesicherte Stellung haben außerhalb der Strömungen der Tagesgeschichte, sie werde die Widersprüche, welche in dem Verhalten der Gesellschaft hervorträten, nicht einfach widerspiegeln und diesen gegenüber zwar bestimmbar bleiben, aber mehr noch sich als bestimmend erweisen.

In diesem Thema der unparteiischen Wissenschaft[34], klingt schon das von Max Weber behandelte Postulat werturteilsfreier Wissenschaft an[35].

In dem Maße, in dem es der realistisch betriebenen Wissenschaft mit dem Instrumentarium der Naturwissenschaft gelingen wird, auf den Zusammenhang des geschichtlichen Lebens ein Licht zu werfen, wird sie den die Gegenwart erfüllenden Kämpfen und Werthaltungen gegenüber „eine freiere und stärkere Position haben und ein neutrales Maß zu Geltung bringen"[36].

Wenn bisher wenig von Rechtswissenschaft, sondern mehr von Merkels umfassendem sozialwissenschaftlichen Ansatz mit seiner wissenschaftstheoretischen Fundierung gesagt worden ist, so deshalb, weil in dieser Exposition die modernen Bezüge Merkelschen Denkens besonders deutlich werden. Die Frage der Bedeutung der Sozialwissenschaften für die Rechtswissenschaft ist Tagesgespräch der wissenschaftlichen Diskussion. Die Fülle der Literatur ist beinahe unübersichtlich. Was hier interessiert, ist die grundlegende Bedeutsamkeit[37] des von Merkel aufgenommenen, über Max Weber pointiert vorgetragenen und jetzt zugespitzten „Positivismusstreits"[38].

3. Die Parallelität zu modernen Theorien

Ähnlich wie Merkel betont heute der „kritische Rationalist" Albert die Bedeutung des in den Naturwissenschaften bewährten Denkstils für

---

[32] *Merkel*, Fragmente, S. 76.
[33] *Merkel*, Fragmente, S. 77.
[34] So der von Merkel gewählte Titel des Kapitels in Fragmente, S. 76 ff.
[35] Zu der Weberschen Position, vgl. *Loos*, S. 34 ff.
[36] *Merkel*, Fragmente, S. 15.
[37] Vgl. nur die Hinweise auf S. 18 in Fn. 1, die beileibe keinen Anspruch auf Vollständigkeit erheben.
[38] Bezeichnend der Titel des Sammelbandes den *Adorno* u. a. herausgegeben haben: Der Positivismusstreit in der deutschen Soziologie.

die Sozialwissenschaften. „Zu jeder rationalen und realisierbaren, sozialen Praxis ist die Erkenntnis realer Zusammenhänge, so wie sie vor allem im naturwissenschaftlichen Denken ausgebildet wurde, eine wesentliche Bedingung[39]." Jedoch bleibt der kritische Rationalist nicht im engen Positivismus stecken, wie er im 19. Jahrhundert als Kritik gegen das spekulative Denken des Idealismus entstand und der ausschließlich die wissenschaftliche, physikalisch meßbare Erfassung der Wirklichkeit propagierte. Albert wendet sich gegen die Dogmatisierungsversuche aus zwei Richtungen. Auf der einen Seite gebe es die Tendenz, die Forschung von Erwägungen philosophischer Art, von theoretischen Überlegungen vollkommen frei zu halten, sich nur auf dem Boden gesicherter Tatsachen zu bewegen; zum anderen bestehe die Neigung, den Resultaten der Forschung einen bestimmten Stellenwert im Rahmen einer Gesamtkonzeption zuzuweisen, „so daß es nur darauf ankommt, Detailwissen über Einzelphänomene einem vorweggegebenen Rahmen einzupassen"[40]. Albert wendet sich damit gegen den von den Vertretern der Frankfurter Schule, insbesondere von Habermas erhobenen Einwand, die „Positivisten" betrieben Detailklauberei, indem sie das Forschungsobjekt aus seiner Totalität isolierten. Solche Methodologie zerstöre das zu untersuchende Objekt Mensch und mache es zu einer Nummer unter vielen. Den Aspekt der Gesellschaftlichkeit nebele der „Positivismus" einfach hinweg. Gesellschaft sei aber nicht rein empirisch darzustellen, sondern als Resultat der geschichtlichen Entwicklung nur durch das System der Dialektik zu erfassen[41].

Gegen diese Einengung der Methodologie einer rationalen Diskussion und kritischen Prüfung auf einen simplen Empirismus setzt Albert in der Nachfolge von Poppers analytischer Philosophie die Wissenschaftskonzeption von Konstruktion und Kritik. Man kann diese Methode „als allgemeine Alternative zur klassischen Methodologie betrachten und sie auf Überzeugungen irgendwelcher Art, auch auf normative Standpunkte und Wertmaßstäbe anwendbar machen"[42].

Die Idee der kritischen Prüfung gehe darauf zurück, daß unser Denken und Handeln der Irrtumsmöglichkeit unterworfen sei, „so daß der-

---

[39] *Albert*, Moderner Kritizismus, S. 90.
[40] *Albert*, Moderner Kritizismus, S. 85.
[41] Vgl. dazu *Habermas*, Gegen einen positivistisch halbierten Rationalismus, S. 235 ff.; Zum Positivismusstreit insgesamt vgl. die grundlegenden Beiträge von *Adorno*, Negative Dialektik; *Albert*, Traktat über kritische Vernunft, sowie Plädoyer für kritischen Rationalismus; *Albert*, *Topitsch* (Hrsg.), Werturteilsstreit; *Apel*, u. a. (Hrsg.), Hermeneutik und Ideologiekritik; *Habermas*, Erkenntnis und Interesse, sowie Theorie und Praxis; *Hochkeppel* (Hrsg.), Soziologie zwischen Theorie und Empirie; *Lenk* (Hrsg.), Ideologie, Ideologiekritik und Wissenschaftssoziologie; *Topitsch* (Hrsg.), Logik.
[42] *Albert*, Theorie und Praxis, S. 234/235.

jenige, der ein echtes Interesse an der Wahrheit hat, daran interessiert sein muß, die Schwächen und Schwierigkeiten seiner Denkresultate und Problemlösungen kennenzulernen. Nur Anschauungen, die kritischen Argumenten ausgesetzt werden können, können sich bewähren"[43].

Eine solche Theorie, die keine Wahrheitsgarantie prätendiert, die Weltorientierung dadurch leisten will, daß sie Ideen, Systeme und Konzeptionen dem Risiko des Scheiterns aussetzt, immunisiert sich gegen jede Dogmatisierung.

Auch ethische Aussagen und Systeme werden nicht als *Dogmen*, sondern als *Hypothesen* aufgefaßt, wobei Hypothesen prinzipiell kritisierbare Annahmen sind[44]. Die entschiedene Haltung eines solchen Wissenschaftsverständnisses gegen jegliche Dogmatisierungstendenzen — entspringe sie nun naturalistisch-empiristischem Denken oder der idealistischen Konzeption — zeigt eine starke Parallelität zu Merkels realistischem Wissenschaftskonzept. „Die Wissenschaft schreitet weder durch Ableitung sicherer Wahrheiten aus evidenten Intuitionen mit Hilfe deduktiver Verfahren, noch durch Ableitung solcher Erkenntnisse aus evidenten Wahrnehmungen unter Verwendung induktiver Verfahren fort, sondern vielmehr durch Spekulation und rationale Argumentation[45]."

Auch metaphysische Konzeptionen, Ideen *(Sterne)*[46] gewinnen Bedeutung als kontrainduktive Ideen, die „unsere Denk- und Wahrnehmungsgewohnheiten brechen und alternative Erklärungsmöglichkeiten für reale Zusammenhänge skizzieren, von denen aus eine kritische Beleuchtung bisheriger Überzeugungen möglich ist"[47]. Albert betont gegen die Vertreter der Frankfurter Schule, daß eine so verstandene, erklärende Sozialwissenschaft aufklärerischen Charakter habe, indem sie die bestehenden sozialen Verhältnisse durchleuchte und damit der Beseitigung von Vorurteilen, Irrtümern und Illusionen diene[48].

Merkels Stellung auf dem Weg einer Materialisierung der Entwicklungstheorie ist ähnlich behutsam wie seine wissenschaftstheoretischen Annahmen. Obwohl er von der Organismusvorstellung, der Annahme, die Differenzierung der Lebensformen sei gleichbedeutend mit Fortschritt, der optimistischen Grundhaltung, die geistige wie soziale Ent-

---

[43] *Albert*, Plädoyer für kritischen Rationalismus, S. 16.
[44] Vgl. *Albert*, Traktat über kritische Vernunft, S. 73, 74; die Frage, ob die von Albert vollzogene Übertragung der an der Physik orientierten Forschungslogik Poppers auf die Entscheidung moralischer Probleme wissensachftstheoretisch zwingend ist, kan an dieser Stelle offen bleiben, vgl. dazu aber die kritischen Hinweise bei *Loos*, S. 72.
[45] *Albert*, Traktat über kritische Vernunft, S. 47.
[46] Zur Leitbildfunktion von Ideen, vgl. *Merkel*, Fragmente, S. 2 und 78 f.
[47] *Albert*, Traktat über kritische Vernunft, S. 47.
[48] *Albert*, Moderner Kritizismus, S. 96.

wicklung sei in aufstrebender Linie begriffen, wie viele seiner Zeitgenossen betroffen ist, versucht er die Enge eines starren scientistischen Historizismus[49] zu überwinden. Er sieht relativ deutlich die Grenzen rein holistischer Erklärungsversuche der Gesellschaft. Merkel betont selbst die begrenzte Leistungsfähigkeit der naturwissenschaftlichen Methode[50] und deutet die vom kritischen Rationalismus betonte „Stückwerkmethode" an. „Schritt für Schritt" sind die Hindernisse, die Probleme zu bewältigen; es kommt nicht auf das Ergebnis, das festgeschriebene Innehaben einer höheren Stufe der Entwicklung an, sondern auf den ständigen Versuch, Hindernisse zu beseitigen[51]. Der Mensch und seine Weltorientierung lassen sich nicht mit einer durchgängigen Formel erfassen. Die Verschiedenheit der Individualitäten wird nicht verschwinden. Die Annahme eines einheitlichen durchgängigen Erklärungsmusters, eines obersten Wertmaßes setze die vollkommene Aufhebung der *geistigen* Unterschiede der Individuen voraus, „die in der Verschiedenheit der für jeden gegebenen Existenzbedingungen eine *unversiegbare* Quelle haben"[52].

Auch für Popper gilt als unumstößliche Annahme, „daß der menschliche Faktor das letztlich ungewisse und unberechenbare Element im gesellschaftlichen Leben und in allen sozialen Institutionen ist"[53]. Und im Anschluß daran ergibt sich die Kernforderung für jede „offene Gesellschaft": Wenn die Vernunft weiterwachsen und die menschliche Rationalität am Leben bleiben soll, dann darf die Verschiedenartigkeit der Individuen und ihrer Meinungen, Ziele und Zwecke nie angetastet werden. „Der Hauptantrieb der Entwicklung und des Fortschritts ist die Verschiedenartigkeit des Materials, das der Selektion unterworfen werden kann[54]."

Auch was die relativ optimistische Beurteilung von Erkenntnis- und Entwicklungsfortschritt der Weltgesellschaft anbelangt, finden sich Parallelen bei Merkel zum Neoevolutionismus englischer Prägung. Der Gedanke der evolutionären Selbstdurchsetzungskraft des Fortschritts hat allerdings viel von der ursprünglich bei Spencer angelegten, euphorischen Perspektive verloren. Die Vorstellung des automatischen, auf dem eindimensionalen deterministischen Konzept basierenden Entwicklungsfortschritts ist ähnlich wie schon bei Merkel preisgegeben. Ginsberg, ein

---

[49] Vgl. dazu die überzeugende Widerlegung der Lehren von der geschichtlichen Notwendigkeit durch *Popper*, Das Elend des Historizismus.

[50] *Merkel*, Rechtliche Verantwortlichkeit, S. 874.

[51] *Merkel*, Fragmente, S. 15/16.

[52] *Merkel*, Fragmente, S. 24 mit Hervorhebung vom Verf.

[53] *Popper*, Das Elend des Historizismus, S. 124 mit der Hervorhebung vom Verf.

[54] Vgl. *Popper*, Die offene Gesellschaft und ihre Feinde, S. 124/125.

bedeutender Evolutionstheoretiker[55] formulierte seine Theorien sehr zurückhaltend und macht deutlich, daß ihnen mehr oder weniger abgesicherte Forschungshypothesen zugrunde liegen.

Er stellt folgende materialen Kernstücke einer Evolutionstheorie fest, wobei eine verblüffende Ähnlichkeit zu Merkels Formulierungen auffällt. „Der Fortschritt der menschlichen Entwicklung liegt in der zunehmenden Rationalität, das heißt, in der *systematischen Organisation* der Erfahrung. ... Der Fortschritt der Wissenschaft wird nicht an einer endgültigen oder absoluten Wahrheit gemessen und auch nicht an ersten Prinzipien, die als über jeden Zweifel erhaben gelten, sondern an dem Grad der Übereinstimmung und gegenseitigen Unterstützung, den die gefundene Erklärung aufweist. Wir erwarten einen sich verdichtenden Zusammenhang, eine breiter werdende Erfahrung, eine zunehmende Fähigkeit zur Selbstkritik und zum Aufbau[56]." Mit Bezug auf die Praxis formuliert Ginsberg: „Die Organisation des Handelns besteht zum Teil in der Anwendung des Wissens über die Natur zur Verfolgung menschlicher Zwecke, zum Teil in der Enthüllung dieser Zwecke und der Konstruktion von Idealzwecken[57]."

4. Fazit

Aber auch in der modernsten Form einer material aufgeladenen Evolutionstheorie, wie Merkel und Ginsberg sie in der Nachfolge Spencers entworfen haben, stecken Reststücke von irrationalem Fortschrittsglauben. Der Gedanke einer unilinearen fortschrittlichen Entwicklung, „einer aufsteigenden Bewegung", prägt auch diese Evolutionstheorie. Damit wird aber gleichzeitig der Gefahr die Tür geöffnet, die durch die methodische Fundierung der Stückwerkstechnologie gebannt werden sollte, nämlich allzu früh einen dezisionistischen Schnitt zu machen, die erkannte Realität als die richtige Entwicklungstendenz zu propagieren und damit zum Fortschrittsverkünder zu werden. Bei der Lösung der den Menschen je gestellten Aufgaben sind deshalb lediglich Sozial*entwürfe* zu liefern, „gibt es keine Sicherung gegen Irrtum und Mißlingen"[58]. Die Korrektur von Fehlern ist weder durch den Vorgriff ins Absolute, noch durch Rückgriff auf die Macht, sondern allein in der geistigen Auseinandersetzung möglich. Für die Sozialverfassung zieht Welzel daraus den zwingenden Schluß, „daß

---

[55] Vgl. insbesondere *Ginsberg*, The Idea of Progress; instruktiv auch der Sammelband von E. *Burck*, Die Idee des Fortschritts, sowie: G. *Friedmann*, Le Progrès: dignité ou déchéance, liberté ou servitude; eine ausführliche Bibliographie zu Problemen des sozialen Wandels findet sich bei *Dreitzel*, Sozialer Wandel, S. 496 ff.
[56] *Ginsberg*, Das Problem einer soziologischen Entwicklungstheorie, S. 134.
[57] *Ginsberg*, Das Problem einer soziologischen Entwicklungstheorie, S. 140.
[58] *Welzel*, Naturrecht, S. 250.

sie (die Sozialverfassung) die stetige Möglichkeit ihrer eigenen Korrektur in sich trägt"[59].

Die kritizistische Haltung bedarf daher der sozialen Verankerung, der realistisch orientierten Erkenntnispraxis und erfordert Bedingungen, die nicht auf konformierende Letztbegründungen zielen, sondern „die Entwicklung konstruktiver und kritischer Phantasie fördern, die Entdeckung neuer Probleme und die Suche nach besseren Lösungen unterstützen und Verbreitung solcher Lösungen ermöglichen"[60].

Nachbeten „bewährter" Resultate der wissenschaftlichen und philosophischen Bemühungen verdient keine Prämierung, nicht Konformität ist zu belohnen, sondern die sozialen Kosten, die Kritik und alternatives Denken oft genug blockieren, sind zu senken. Das Ringen um die Sinnbestimmung des Einzelnen in seiner sozialen Verankerung kann dann einen Rahmen finden, der die Beruhigung durch metaphysische Letztdeutung oder den Hinweis auf den notwendig stetig aufsteigenden Fortschritt ausschließt[61].

---

[59] *Welzel*, S. 250.
[60] *Albert*, Traktat über rationale Praxis, S. 57.
[61] Vgl. zur Steuerung der Erkenntnispraxis Albert, Traktat über rationale Praxis, S. 52 ff.; dazu auch, insbesondere zum Verhältnis von Philosophie, Wissenschaften und Praxis, *Ryffel*, Rechtsphilosophie, S. 19 ff. (41, 42).

Zweites Kapitel

Rechtsphilosophie und Rechtswissenschaft

A. Darstellung der Merkelschen Position

I. Die Rechtswissenschaft als „positive" Wissenschaft

Die Erläuterung des Merkelschen Verständnisses von Bedeutung und Methodik wissenschaftlichen Vorgehens, seine Entwicklungstheorie, steckt den Rahmen ab, in dem seine rechtsphilosophischen und rechtswissenschaftlichen Fragestellungen und Untersuchungen einzugliedern sind.

Der Ansatz, nur die Erforschung des tatsächlich Gegebenen verdiene die Bezeichnung wissenschaftliche Untersuchung, wird von Merkel in seiner Rechtsphilosophie bzw. (und) Rechtstheorie weitergeführt. Wie aber, so drängt sich die Frage auf, sind nach diesem Konzept — nämlich Realwissenschaft zu betreiben — Rechtsphilosophie und Rechtswissenschaft weiterhin möglich; können diese Bereiche überhaupt voneinander geschieden werden; wie korrelieren in diesem Bereich Forschungsgegenstand und Erkenntnismethode?

Ebenso wie es Aufgabe der Vernunft ist, die Gesetze des wirklichen Lebens zu erforschen, nicht diesem eine von außen herbeigebrachte Weisheit entgegenzusetzen, soll die Wissenschaft des Rechts eine lediglich *positive* sein. Das heißt, sie soll es mit dem Wirklichen zu tun haben, wie die Naturwissenschaft[1].

Dabei grenzt Merkel das Vorgehen, den Gegenstand Recht zu bewältigen, gegenüber jenen ab, die Rechtswissenschaft auf die Kenntnis und technische Bearbeitung des positiven Rechts beschränken, und auf der anderen Seite gegen diejenigen, die Rechtsphilosophie auf ein Seinsollendes, den Gegensatz zu jenem bildendes Recht beschränken. Denn diese Theorien ließen die Lehre von den Ursachen der rechtlichen Institutionen, von den kausalen Beziehungen, die unter ihnen stattfänden, von den Regelmäßigkeiten, welche in ihrer Geschichte hervorträten, kurz das, was die Jurisprudenz erst zum Range einer Wissenschaft im strikten Sinne dieses Wortes mache, einfach außer acht[2].

---

[1] Vgl. *Merkel*, Fragmente, S. 57, eine Formulierung Puchtas aufnehmend.

II. Das Verhältnis von Rechtswissenschaft und Rechtsphilosophie

1. Die Rechtsphilosophie als der allgemeinste Teil der Rechtswissenschaft

Positiv formuliert, sieht Merkel die Aufgabe der Rechtsphilosophie darin, eine Erweiterung der Erkenntnis des Zusammenhangs verschiedener kausaler Beziehungen zu erreichen, welche unter den Einzelheiten im Umkreis unseres Wissens bestünden. Er bricht also mit der Ansicht, „positive" Wissenschaft und Philosophie hätten verschiedenartige Gegenstände zu untersuchen. „Die philosophische Arbeit ist vielmehr ein allgemeines Element der wissenschaftlichen Tätigkeit[3]." Sie bedeutet also eine Konzentration unseres Wissens auf die allgemeinen Elemente untersuchter Einzelobjekte und Geschehnisse. Die wichtigste Ablagerungsstätte für die Resultate solchermaßen geleisteter philosophischer Arbeit sieht Merkel innerhalb der juristischen Partialdisziplinen, in den „allgemeinen Teilen" derselben.

Somit ist bei Merkel der von idealistischer oder naturrechtlicher Theorie vorausgesetzte Dualismus — positives Recht in Gegensatz genommen zum überpositiven — aufgehoben. Rechtsphilosophie und Rechtswissenschaft sind auf die Erforschung des Rechts in seinen realen Gründen und Beziehungen gerichtet. Jede Wissenschaft, also auch die Rechtswissenschaft, verdient sich diese Bezeichnung nur, wenn sie philosophisch betrieben wird. Mit Merkels Worten: „Die auf das einzelne gerichtete Forschung gehört hier wie sonst mit der auf das allgemeine und den Zusammenhang gerichteten (d. h. *philosophischen*) zusammen und erfüllt hier wie sonst erst in ihrer Verbindung mit dieser den Begriff der Wissenschaft[4]."

Rechtsphilosophie bildet hiernach in gewisser Weise die Zusammenfassung und vollkommenste Ausformulierung innerhalb des Bereichs von Rechtswissenschaften. Die einzelnen Untersuchungen bezogen auf das Objekt Recht sollen hier zu einem Ganzen verarbeitet werden, „in welchem das Rechtsleben nicht mehr bloß in tausend Einzelheiten, sondern in seiner Einheit zum Vorschein kommt"[5].

Konkreter ausformuliert: Der allgemeine Teil der Rechtswissenschaft wird über die Grenzen der im allgemeinen Teil des Strafrechts vorausgesetzten Bestimmung des Verbrechens als einem Element

---
[2] *Merkel*, Besprechung Gumplowicz, in: Ges. Abh., S. 473.
[3] *Merkel*, Über das Verhältnis der Rechtsphilosophie zur „positiven" Rechtswissenschaft, in: Ges. Abh., S. 297.
[4] *Merkel*, Über das Verhältnis der Rechtsphilosophie zur „positiven" Rechtswissenschaft, in: Ges. Abh., S. 303.
[5] *Merkel*, Über das Verhältnis der Rechtsphilosophie zur „positiven" Rechtswissenschaft, in: Ges. Abh., S. 294.

strafrechtlicher Normen hinausfragen und höhere Begriffe entwikkeln, in welchen sozusagen Elemente der Rechtsnorm überhaupt gegeben sind, wie der Begriff der Rechtsverletzung, der Begriff der rechtlich verantwortlich machenden Handlung usw. Von dem Begriff der Strafe als einem anderen Element der strafrechtlichen Normen wird aufzusteigen sein — so postuliert Merkel — zu einem für alle Rechtsteile bedeutsamen Begriff der Rechtsfolgen des Unrechts.

So wird an die Stelle der alten Rechtsphilosophie die von der geschichtlichen und dogmatischen Bearbeitung des gegebenen Rechtsstoffes ausgehende, bisher sogenannte positive Rechtswissenschaft in ihren allgemeinen Lehren treten[6].

Demnach betont Merkel zwei Funktionen rechtsphilosophischen Denkens und Arbeitens.

2. Die Aufgabe der Rechtsphilosophie, Recht als von gesellschaftlichen Bedingungen abhängig zu erklären

Zum ersten geht die Rechtsphilosophie den Wurzeln des Rechts nach. Sie zeigt also in einer historischen Genese das Hervortreten des Rechts aus dem Grund der Sitte, seine Emanzipation von der Religion, seine Scheidung von den übrigen Elementen des Ethos usw.[7]; und sie stellt außerdem den Zusammenhang der allgemeinen Gründe einer rechtlichen Ordnung zu dem Grunde eines bestimmten, zu gegebener Zeit und gegebener Gesellschaft bestehenden Zustandes her. Recht wird in seiner Verknüpfung zu den tatsächlich herrschenden Moralvorstellungen kraft ihrer ethischen Mächtigkeit und der physischen Seite des Rechts gezeigt. Insoweit geht es darum, derzeitiges Recht als Durchgangspunkt eines historischen Prozesses und als abhängig von gesellschaftlichen Bedingungen zu erklären, nicht um das äußerliche Nebeneinanderstellen von Zuständen und Fakten oder den einzelnen Rechtsbestimmungen, sondern um die Darlegung des inneren Zusammenhangs und der Bildungsgesetze[8].

3. Die Aufgabe der Rechtsphilosophie, das geschichtliche Substrat in einem begrifflich klaren System zu konzentrieren

Zum zweiten geht es um die Bearbeitung der in ein System gebrachten Begriffe. Das geschichtliche Substrat bedarf der begriff-

---

[6] *Merkel*, Über das Verhältnis der Rechtsphilosophie zur „positiven" Rechtswissenschaft, in: Ges. Abh., S. 308.
[7] Vgl. *Merkel*, Über das Verhältnis der Rechtsphilosophie zur „positiven" Rechtswissenschaft, in: Ges. Abh., S. 312, 314.
[8] Vgl. *Merkel*, Über das Verhältnis der Rechtsphilosophie zur „positiven" Rechtswissenschaft, in: Ges. Abh., S. 304.

lichen Beherrschung und der systematischen Konzentration. Allerdings ist festzuhalten, daß dieses System nicht an einem außerhalb dieser Welt gewählten Standort, einer umfassenden Welt- und Lebensansicht festgemacht werden darf, sondern diese neue Rechtsphilosophie wird „wie an die Stelle der alten Naturphilosophie eine von philosophischem Geist getragene, die Erkenntnis des Zusammenhanges der Erscheinungen anstrebende Naturwissenschaft teils getreten ist, teils zu treten sich anschickt, die von der geschichtlichen Bearbeitung des gegebenen Rechtsstoffes ausgehende bisher sogenannte positive Wissenschaft in ihrer allgemeinen Lehre treten lassen"[9].

B. Würdigung

I. Die Entstehung und Begründung der „Allgemeinen Rechtslehre" als analytische Strukturtheorie

1. Die analytische Methode

Mit diesem Verständnis von den Möglichkeiten und Aufgaben der Rechtsphilosophie wird Merkel zum Mitbegründer der „Allgemeinen Rechtslehre". Die begriffgeschichtliche Ausdifferenzierung der „Allgemeinen Rechtslehre" beleuchtet eindrucksvoll den wissesnschaftstheoretischen Akzentwechsel, den die Beschäftigung mit dem Recht insbesondere im Verlaufe des 19. Jahrhunderts erfuhr.

Wort und Begriff „Rechtsphilosophie" sind selbst erst jüngeren Datums. Um die Jahrhundertwende (1798) erschien das „Lehrbuch des Naturrechts als einer Philosophie des positiven Rechts" von Gustav Hugo. Diese erstmalige Verwendung des Begriffs „Rechtsphilosophie" bei einem bedeutenden Vertreter der „historischen Schule" verdeutlicht die Abkehr vom traditionellen „Naturrechtsdenken" und die philosophierende Hinwendung zum historisch gewachsenen wirklichen Recht in seiner *positiven* Existenz. Hegels „Philosophie des Rechts" etablierte dann endgültig diesen Begriff[10].

Die „Allgemeine Rechtslehre" liegt auf der durch die „Rechtsphilosophie" begründeten Linie einer anti-naturrechtlichen Forschungshaltung und bedeutet zumeist die Verabsolutierung der neuen positivistischen Betrachtungsweise; bezeichnend die Formulierung Bergbohms: „Es muß das Unkraut Naturrecht, in welcher Form und Verhüllung es auch auftreten möge, offen oder verschämt, ausgerottet werden, schonungslos, mit Stumpf und Stiel[11]."

---
[9] So *Merkel*, Über das Verhältnis der Rechtsphilosophie zur „positiven" Rechtswissenschaft, in: Ges. Abh., S. 307.
[10] Vgl. dazu: *Del Vecchio*, Lehrbuch der Rechtsphilosophie, S. 46 und *Welzel*, Gedanken zur Begriffsgeschichte der Rechtsphilosophie, S. 1 ff.

Radbruch ist der Auffassung, dieser Lehre gehe es nicht um die Frage, wann das Recht richtig sei, sondern wie ein Recht richtig begriffen werden könne. Damit gehöre sie der juristischen Erkenntnistheorie, der theoretischen Philosophie, nicht aber der Rechtsphilosophie als einem Zweige der praktischen Philosophie an[12].

Die Rechtstheorie[13] beginnt sich in der Form der allgemeinen Rechtslehre als *selbständiger* Forschungszweig zu etablieren[14].

Auffallend sind bei Merkel die Parallelen zu den Auffassungen Austins, dem Begründer der analytischen Rechtstheorie[15]. Wie Merkel, so bemüht sich zeitlich früher Austin darum, die Rechtsbegriffe in ihrer logischen Abhängigkeit zu entfalten und dabei streng empirisch vorzugehen.

Er geht davon aus, daß alle von ihm gebrauchten Wörter radikal empirisch sind, das heißt, direkt oder indirekt Sinnesdaten Quelle ihrer Bedeutung sind[16]. Diesem Ansatz liegt die strenge Trennung zwischen dem Recht, wie es ist, und dem Recht, wie es sein sollte, zugrunde. „Das Vorhandensein einer Rechtsnorm ist eine Sache, ihre Richtigkeit oder Unrichtigkeit eine andere Sache. Ob sie besteht oder nicht, ist eine Frage, ob sie einer zugrunde gelegten Idealvorstellung entspricht oder nicht, eine andere[17]." Das analytische Vorgehen besteht in seiner Eigenart darin, die bestehenden Rechtstatsachen begrifflich zu erfassen und zu klassifizieren. Es liegt nahe, daß Merkel mit den Austinschen Anschauungen vertraut war. In der von Merkel mitgestalteten fünften Auflage der Enzyklopädie der Rechtswissenschaft[18] hat er in Ergänzung des von Geyer bearbeiteten geschichtlichen Abrisses ein Kapitel über den Utilitarismus angefügt. Er er-

---

[11] *Bergbohm*, Jurisprudenz und Rechtsphilosophie, S. 116.
[12] *Radbruch*, Rechtsphilosophie, S. 114.
[13] Vgl. *Jahr* und *Maihofer* (Hrsg.), Rechtstheorie; dort insbesondere *Böhler*, Rechtstheorie als kritische Reflexion, S. 62 ff. und *Maihofer*, Realistische Jurisprudenz, S. 427 ff.; *Maihofer*, Rechtstheorie als Basisdisziplin der Jurisprudenz, S. 51 ff.; Arthur *Kaufmann* (Hrsg.), Rechtstheorie.
[14] *Vedross*, Abendländische Rechtsphilosophie, S. 189, bezeichnet Merkel neben Bierling als „Rechtstheoretiker".
[15] Zur Entwicklung und Bedeutung der analytischen Rechtstheorie, vgl. *Kunz*, Die analytische Rechtstheorie; speziell zu *Austin* vgl. *Ott*, Rechtspositivismus, S. 35 ff. sowie die umfassende Monographie von *Löwenhaupt*, Politischer Utilitarismus und bürgerliches Rechtsdenken.
[16] Vgl. *Eckmann*, Rechtspositivismus und sprachanalytische Philosophie, S. 23, unter Bezugnahme auf *Northrop*, F., Law, Language and Morals, in: Yale-Law-Journal, 1962, S. 1917.
[17] J. *Austin*, The Province of Jurisprudence Determined, S. 184; vgl. *Löwenhaupt*, Politischer Utilitarismus und bürgerliches Rechtsdenken, insbesondere S. 97 ff. und 252 ff.
[18] *Merkel*, Übersicht über die Geschichte der Rechts- und Staatsphilosophie, S. 86 ff.

wähnt hier zwar namentlich nur Bentham, J. St. Mill und J. Spencer, aber seine prägnante Darstellung der utilitaristischen Konzeption, wie seine kritische Auseinandersetzung lassen erkennen, daß ihm die gesamte angelsächsische Diskussion vertraut gewesen sein muß.

Die antimetaphysische Stoßrichtung kennzeichnet sowohl Austins wie Merkels Forschungshaltung[19].

Diese Gegenbewegung lebt von der Übertragung naturwissenschaftlicher Erklärungsmodelle auf das Phänomen Recht und dessen begrifflicher Bewältigung. Dabei sind in Merkels Rechtslehre die Elemente der modernen positivistischen Rechtstheorie wiederzufinden, welche heute dazu geführt haben, nach einer soziologischen, psychologischen und logisch-analytischen Richtung zu unterscheiden[20]. „Allgemein" ist diese Theorie deshalb, weil sie das Recht eingebunden, verknüpft mit anderen Kulturphänomenen wie Sitte, Moral und Wirtschaft sieht; weil sie versucht, das Gemeinsame aus den Rechtszuständen verschiedener Zeiten und Völker herauszuarbeiten, und weil sie die juristischen Elementarbegriffe, die Grundbegriffe, die den gesamten Rechtsstoff umfassen, klärt. Bierling, der ein umfassendes und geschlossenes System der „Allgemeinen Rechtslehre" erarbeitet hat, definiert die juristische Prinzipienlehre als „die systematische Darstellung derjenigen juristischen Begriffe und Grundsätze, welche im wesentlichen — ihrem stets gleichbleibenden Kerne nach — unabhängig sind von der individuellen Besonderheit irgend eines bestimmten (konkreten) positiven Rechts"[21]. Ebenso ging es für Bergbohm — dem anderen Vertreter einer umfassenden „systematischen Philosophie des positiven Rechts" — um den wissenschaftlichen Ausbau der juristischen „Begriffsbildung" sowie die Systematisierung der „juristischen Grundlehren"[22]. Merkel, der durchaus auch die Konzentration auf den klaren Begriff, das Aufsteigen zu immer allgemeineren Begriffen als ein Element der „philosophischen" Bewältigung des Gegenstandes Recht sieht, hat allerdings heftig davor gewarnt, den von Bergbohm wie auch von Bierling betonten formalen Standpunkt zu überziehen. „Eine formale Rechtsphilosophie, welche von dem absehen wollte, was den Rechtsinhalt und seine Entwicklung charakterisiert und erklärt, würde Gefahr laufen, zu bloßer Scholastik zu werden[23]." Merkel hat damit schon früh versucht, die Beschränkung auf

---

[19] Vgl. zu *Austins* Aversion gegen die in Deutschland bestehende Vorliebe der Philosophie für vage und mysteriöse Abstraktionen, *Löwenhaupt*, S. 100 in und bei Fn. 238.
[20] Vgl. zu dieser Differenzierung *Eckmann*, Rechtspositivismus, S. 18 ff. und *Dreier*, Allgemeine Rechtstheorie, S. 19, 20.
[21] *Bierling*, Juristische Prinzipienlehre, Bd. I, S. 1.
[22] *Bergbohm*, Jurisprudenz und Rechtsphilosophie, Bd. 1, S. 37, 63.
[23] *Merkel*, Besprechung von Bergbohm, in: Ges. Abh., S. 731.

rein begriffliche Abstraktion und syllogistische Deduktion zu durchbrechen, um den Zugang zum wirklichen Recht und seinen tatsächlichen Bedingungen, den wirklichen Entstehungs- und Geltungsbedingungen, zu erhalten. Die Erklärungsgründe für die besonderen Bildungs- und Wirkungsformen des Rechts lägen auf materiellem Gebiete. Die formelle Rechtsphilosophie bedürfe daher der materiellen als des sie tragenden Unterbaus.

Darin zeigt sich die zu Austin gezogene Parallele erneut. Merkel hat zwar noch nicht genau die nach der — auf Austins Lehren fußenden — modernen analytischen Rechtstheorie zu differenzierenden Aussagetypen unterschieden: Aussagen über die gesellschaftliche Wirklichkeit sind möglich a) als begrifflich sprachliche, b) als empirische, c) als normative[24], aber wie auch die Analyse der Begriffe Recht, Macht, Zwang, Moral nach Hart dazu dient, das Verständnis „als zwar verschiedene, aber untereinander verbundene soziale Phänomene zu fördern"[25], so geht es zunächst um die Erhellung des Rechts als soziales Phänomen. Unter Berufung auf J. L. Austin stellt Hart als wohl bedeutendster Vertreter der analytischen Rechtstheorie fest, daß „ein geschärftes Bewußtsein für Wörter unsere Wahrnehmung der Phänomene schärfen wird"[26].

Anders als in Kelsens „Reiner Rechtslehre", in der die Reinheit durch infiniten Regreß auf die Fiktion einer Grundnorm herbeigeführt wird, sind bei Hart ebenso wie bei Merkel bestimmte sozialpsychologische Befunde elementare Strukturbedingungen des Rechtssystems. In der begrifflichen Fassung des Rechts wird dann die Unterscheidung zwischen Typen sozialer Situation und Beziehungen angestrebt, wird eine allgemeine Strukturtheorie des Rechts in Angriff genommen.

In der Geschichte der Erkenntnistheorie ist der Versuch mit derartigen positivistisch orientierten Theoremen, das Recht als ein Regelungssystem der empirisch sozialen Wirklichkeit *wertungsfrei* zu beschreiben, dem Nominalismus zuzurechnen[27]. Nur dem einzelnen Gegenstand wird Realität zuerkannt, auf die sich die Einzelvorstellungen beziehen. Die allgemeinen Begriffe sind lediglich Wortzeichen, unter denen die Einzeldinge zusammengefaßt werden. Damit wird der Universalienrealismus oder auch Begriffsrealismus[28], der etwa den Rechtsbegriff als notwendigen Allgemeinbegriff mit a priori Geltung

---

[24] Vgl. *Hoerster*, Grundthesen, S. 115 ff.
[25] *Hart*, Der Begriff des Rechts, S. 7.
[26] *Hart*, Der Begriff des Rechts, S. 8.
[27] Eine übersichtliche Zusammenstellung des Universalienproblems gibt *Stegmüller*, Hauptströmungen, Bd. I, S. 56 ff.
[28] Vgl. zu dieser Differenzierung auch *Eckmann*, Rechtspositivismus, S. 34.

ausstattet, zurückgewiesen. Merkel bekämpft solchen „juristischen Logizismus" heftig, weil auf diese Weise die begriffsbildende Vernunft ihre Kinder, die Begriffe, überschätze und sie als Wesen von selbständiger Dignität mit eigenem Leben und prädestinierter Fruchtbarkeit betrachte. Fälschlich gehe diese Erkenntnistheorie von einer in sich ruhenden, a priori gegebenen und widerspruchslosen Welt von Begriffen aus, in der die oberste Richtschnur für die Ordnung der realen Welt zu finden sein solle. Solche Philosophie und Scholastik „sind wissenschaftlich zu überwinden durch den Beweis, daß das Recht in wesentlichen Teilen und nicht zufällig hier oder dort, sondern immer und überall alogischer Natur ist"[29].

Merkel erweist sich demnach gerade bei der Ausformulierung der „Allgemeinen Rechtslehre" als positivistisch orientierter Realist in der philosophischen Nachfolge Spencers und Austins. Das realistische Denken, das den Zwecken des praktischen Lebens zugewendet ist, ist durch die Wissenschaft zu fördern. Die Frage nach dem apriorischen Wesen der Erscheinungen und nach ihren letzten Werten ist müßig.

2. Die funktionale Betrachtung des Rechts

Zusammenfassend läßt sich die „Allgemeine Rechtslehre" als der Versuch verstehen, in antimetaphysischer Stoßrichtung die empirische Struktur des Rechts aufzudecken, das Rechtssystem als ein System der sozialen Realität zu entdecken[30]. Gleichzeitig wird durch Induktion eine begrifflich klare und umfassende Beschreibung des Rechts in Abgrenzung von der Moral angestrebt. Auf diese Weise können Strukturpunkte jeder Rechtsordnung aufgedeckt werden, die eine relative (keine wesensmäßige) Allgemeingültigkeit besitzen. Unter „*funktionaler*" Betrachtung des Rechts als wirklichkeitsgestaltender Ordnungskraft kann es gelingen, „Strukturen als Realitäten"[31] sichtbar zu machen und damit die Voraussetzung zur funktionslogischen Behandlung rechtlicher Regelungen zu klären.

Die „*funktionale*" Betrachtung ist hier nach wie vor festgemacht am Erklärungsmodell einer empirisch analytischen Wissenschaftskon-

---

[29] *Merkel*, Rudolf von Jhering, in: Ges. Abh., S. 756.
[30] Vgl. zu diesem umfassenden Ansatz, wie ihn auch die „Systemtheorie" aufgreift, vor allem die in Auseinandersetzung mit Parsons entwickelte Theorie Luhmanns, in der die „funktionalistische Methode" zum zentralen Deutungsschema wird, welches die Abschottung üblicher Systeme nach außen, die Konzentration auf die Frage nach der funktionalen Leistung für den Erhalt bestehender Systeme, überwinden will. *Luhmann*, Funktionale Methode und Systemtheorie, S. 31 ff. sowie Funktionale Methode und juristische Entscheidung, in AÖR Bd. 94, (1969), S. 1 ff.; dazu unten im Text.
[31] Vgl. *Welzel*, Naturrecht und Rechtspositivismus, S. 285. Zur Funktion des Strafrechts in Verbindung mit dem Verfahrensrecht, vgl. *Rüping / Dornseifer*, in: JZ 1977, S. 417 ff.

zeption und versteht unter „Funktion" die mehr oder weniger wahrscheinliche Beziehung zwischen bestimmten Ursachen und bestimmten Wirkungen. Luhmanns Versuch, den kausalwissenschaftlichen Funktionstheorien eine neue funktionalistische Methologie entgegenzustellen, in der die Funktion der Struktur vorgeordnet wird, ist kaum erklärungskräftig.

Luhmann versteht Funktion nicht mehr als zu bewirkende Wirkung, sondern als regulatives Sinnschema, das einen Vergleichsbereich äquivalenter Leistungen organisiert. Es kommt ihm an auf die Feststellung der „funktionalen Äquivalenz" mehrerer möglichen Ursachen unter dem Gesichtspunkt einer problematischen Wirkung[32].

Wenn Luhmann vorgibt, seine funktionale Methode mache es erst möglich, nach dem *Sinn* von Strukturen und Systemen zu fragen, und gleichzeitig die „*Welt*", die nicht als System begriffen werden kann, als Bezugsobjekt für die Funktion als Relationsbegriff eingeführt wird, liegt die zirkuläre Gedankenführung und die mangelnde Erklärungskraft solcher Methode auf der Hand. Die Funktion bezieht sich auf ein leerformelhaftes „*Ganzes*"[33].

Soweit aber der Funktionsbegriff mit dem Erkenntnisanspruch auftritt, „Erklärungen" zu liefern, ist über den vorläufig beschreibenden Hinweis, daß ein System — etwa das des Preismechanismus — innerhalb der freien Verkehrswirtschaft die *Funktion* habe, Angebot und Nachfrage ins Gleichgewicht zu bringen , eine Analyse dieses *Mechanismus* zu leisten[34].

Obwohl Luhmann Funktion in Anti-Haltung zum nomologischen Kausalitätstheorem zu einem regulativen Sinnschema stilisiert, kommt sein „Äquivalenzfunktionalismus" im übrigen ohne die Kategorie der Kausalität selbst nicht aus; denn Äquivalenzen lassen sich nur über gleichgelagerte Ursachen- und Wirkungszusammenhänge feststellen.

Die funktional-strukturelle Systemtheorie mag also durchaus eine Bedeutung haben, indem sie wichtige Forschungsprogramme und Arbeitshypothesen aufwirft, wissenschaftliche Erklärungskraft ergibt sich jedoch nur aus logisch korrekten und empirisch gehaltvollen kausalen Analysen, die bestimmen, „in welchen Hinsichten, in welchem Grade und innerhalb welcher Grenzen die untersuchten Systeme Selbstregulatoren sind"[35].

---

[32] *Luhmann*, Funktion und Kausalität, S. 14.
[33] Vgl. dazu die kritische Würdigung bei *Esser, Klenovits, Zehnpfennig*, Wissenschaftstheorie, Bd. 2, S. 53 ff.
[34] Vgl. *Stegmüller*, Probleme und Resultate, S. 556.
[35] *Stegmüller*, Probleme und Resultate, S. 584.

Der „Allgemeinen Rechtslehre" — im Merkelschen Verstande — geht es mit ihrem realwissenschaftlichen Ansatz nicht um Systematisierung um ihrer selbst willen, nicht um ein geschlossenes begriffliches System, sondern ihr geht es um die elementaren Bestandteile des Rechts oder wie Armin Kaufmann es für die moderne Dogmatik formuliert hat: „Es kommt vielmehr auf die Feststellung von notwendigen Gemeinsamkeiten der Rechtssätze an. Solche zwingenden Notwendigkeiten aber hängen nicht am (Rechts-)Satze selbst, sondern am Objekt seiner Regelungen[36]." Die Stoßrichtung dieser realistischen „Allgemeinen Rechtslehre" wie der modernen Dogmatik sind gleichlaufend, nämlich Strukturelemente im Bereich rechtlicher Regelungen zu suchen, an die jede rechtliche Wertung anknüpft.

II. Die Bedeutung der „sachlogischen" Strukturen

1. Die Position Welzels und Armin Kaufmanns

Dieses „Eindringen in das Innere des Rechts"[37] hat die moderne Dogmatik mit der Diskussion um die sachlogischen Strukturen weitergeführt. Die Ausdifferenzierung der Theorie von den sachlogischen Strukturen aus dem Fragenkreis um die Natur der Sache soll hier im einzelnen nicht nachgezeichnet werden[38]. Von Interesse ist im Rahmen dieser Untersuchung die Differenz und Relevanz der Merkelschen Überlegungen zur modernen Dogmatik.

Nach Welzel, der zuerst im präzisen Verstande auf die Existenz sachlogischer Strukturen in den Objekten rechtlicher Regelungen hingewiesen hat[39], besteht die Aufgabe strafrechtlichen Erkennens nicht im Schaffen neuer Gegenstände, sondern „im Einsichtigwerden des Gegenstandes, so wie er ist"[40]. Die Wissenschaften formten nicht einen Stoff verschieden um, sondern umgekehrt abstrahiere jede Wissenschaft an dem fertig geformten Gegenstand von vielen Seiten. Kein Gesetzgeber und keine Wissenschaft könne an den Strukturen der menschlichen Handlung etwas ändern. Sie können sie entweder tref-

---

[36] Armin *Kaufmann*, Normentheorie, S. IX.
[37] So beschreibt *Engisch*, Auf der Suche nach der Gerechtigkeit, S. 7, die Aufgabenstellung der „Allgemeinen Rechtslehre" zu deren Vertreter er neben Merkel auch Binding, Bergbohm, Bierling, Somlo, Kelsen und Nawiasky zählt.
[38] Vgl. dazu *Dreier*, Zum Begriff der Natur der Sache; *Maihofer*, Recht und Sein; *Stratenwerth*, Das rechtstheoretische Problem der Natur der Sache; *Engisch*, Zur Natur der Sache im Strafrecht, S. 204 ff.; *Radbruch*, Die Natur der Sache als juristische Denkform.
[39] Vgl. zur Entstehungsgeschichte dieses Begriffs und der dahinterstehenden Forschungshaltung, *Tjong*, in: ARSP, Bd. 54, (1968), S. 411 ff.
[40] *Welzel*, Strafrecht und Philosophie, S. 3.

fen oder verfehlen⁴¹. Armin Kaufmann hat im Anschluß an Welzel die Lehre von den sachlogischen Strukturen verfeinert. Menschliches Verhalten zeichnet sich seiner anthropologischen Seinsstruktur nach durch die „spezifisch menschliche Fähigkeit aus, sich Aufgaben zu stellen, Mittel zu ihrer Verwirklichung auszuwählen und den Willen als determinierenden Faktor zur Durchführung einzuspannen"⁴². Gegenstand von Verboten und Geboten, sofern sie menschliches Verhalten beeinflussen wollen, können nur finale Handlungen sein. Die Sachlogik liegt nach Armin Kaufmann darin, daß zwischen Seinsstruktur und Wertung eine *notwendige* Beziehung besteht. „Ein ontischer Sachverhalt ist deshalb vorgegeben, weil er eine Wertung notwendig herausfordert." Von der Wertseite her gesehen: „Eine bestimmte Wertschicht tendiert notwendig auf eine Art von Seinssachverhalten, die ihr deshalb vorgegeben sind⁴³." Diese Darlegungen zum Problem der Sachlogik als einem Kernbereich dogmatischer Jurisprudenz, lassen in ihrer Formulierung die Nähe zu phänomenologischen Theoremen Husserlscher und Hartmannscher Prägung erkennen⁴⁴. Allerdings ist diese Ableitung nicht eindeutig. Armin Kaufmann betont, daß es Aufgabe von Dogmatik und allgemeiner Rechtslehre sei, zunächst anthropolgische und *soziologische* Erkenntnisse über die Weise, in der allein für Menschen geschaffenen Regelungen *zu wirken* vermöchten, gewonnen werden müssen. Soweit das Recht die Funktion hat, menschliches Verhalten zu beeinflussen, ist es an bestimmte Vorgegebenheiten gebunden. Die Betonung liegt hier auf dem funktionalen Aspekt des rechtlichen Regelungsmechanismus. „Denn jede Norm will wirken, es liegt in ihrem Wesen, nicht nur abstraktes Gedankengebilde zu bleiben, sondern befolgt zu werden⁴⁵." Armin Kaufmann betont also die Steuerungswirkungen von Normensystemen und nimmt damit den realwissenschaftlichen Bezug der Rechtswissenschaften auf. Dem funktionalen Aspekt der Norm — gerichtet auf ein „Tunsollen" — vorgelagert ist allerdings nach Armin Kaufmann eine bestimmte Genesis der Norm vom Werturteil über das „reine" Seinsollen zum durch den Normerlaß begründeten Tunsollen⁴⁶.

Die Beantwortung der Frage nach dem Wesen des Werturteils und der Werte, ob der Wert etwa eine Relation zwischen Gegenstand und

---
⁴¹ *Welzel*, Naturrecht und Rechtspositivismus, S. 285.
⁴² Armin *Kaufmann*, Dogmatik, S. 3 sowie Normentheorie, S. 105 ff.
⁴³ Armin *Kaufmann*, Dogmatik, S. 17.
⁴⁴ Die Nähe Welzels zu Husserl belegt *Tjong*, in: ARSP, Bd. 54 (1968), S. 413; vgl. auch *Husserl*, Logische Untersuchungen, 1. Bd., S. 218 f.; Armin *Kaufmann* beruft sich in der Frage der Normgenese ausdrücklich auf N. Hartmann, Normentheorie, S. 75.
⁴⁵ Armin *Kaufmann*, Normentheorie, S. 76.
⁴⁶ Armin *Kaufmann*, Normentheorie, S. 74.

B. II. Die Bedeutung der „sachlogischen" Strukturen

Ich ist, ob er ein ideales Ansichsein hat, ist von Armin Kaufmann ausdrücklich offengelassen worden. Ihm kam es bei seiner Untersuchung lediglich darauf an, die Stufenfolge der Wertungen im Zusammenspiel von Norm und Werturteil herauszuarbeiten[47]. Diese Stufenfolge der Wertungen ergibt sich wie folgt: „Die erste Wertung ist stets positiv und betrifft bzw. schafft die sogenannten Rechtsgüter". Auf der zweiten Stufe folgen „mit sachlicher Notwendigkeit" die negativ bzw. positiv bewerteten Rechtsgut verletzenden bzw. Rechtsgut erhaltenden Ereignisse, die auch als Sachverhaltsunwerte und Sachverhaltswerte bezeichnet werden können. In der dritten Stufe erfolgt die Wertung von menschlichen Handlungen, die auf der zweiten Stufe vorbewertete Ereignisse intendieren[48].

Kaufmanns Analyse, die präzise den Zusammenhang von Norm und Wertung herausgearbeitet hat, ist an zwei Voraussetzungen gebunden. Zum einen an die Vorstellung bestimmter, in der sozialen Ordnung vorfindlicher und positiv bewerteter „Gegenstände". Leben, Leib, Eigentum konstituieren die Rechtsgüter. Zum zweiten bezüglich der Erklärung des Übergangs vom Werturteil zur Norm an die Differenzierung Nikolai Hartmanns, daß ein Sollenselement schon zum Wesen des Wertes gehöre, aber dies lediglich in seiner idealen Seinsweise schon enthalten sei. „Das Sollen in diesem Sinne ist nicht das Tunsollen, das sich an ein wollendes Subjekt wendet. Es ist nur ein ideales oder reines Seinsollen. Daraus, daß etwas an sich wertvoll ist, folgt noch nicht, daß jemand es tun soll; es bedeutet aber wohl, daß es sein soll[49]." Beide Theoreme entbinden nicht von der Frage, ob die Rechtsgüter so isoliert und statisch als die „sachlich inhaltliche Ordnung, als der *Bestand* der *sozialen Ordnung*"[50] festzumachen sind, die unabhängig von den Interessenkonflikten, den Begehrlichkeiten, den an bestimmten Verhaltenserwartungen sich ausrichtenden, interagierenden Rechtsgenossen gedacht werden können.

Gerade neuere Untersuchungen zeigen die Relativität der mehr statischen Betrachtungsweise, und diese ist auch in Welzels und Kaufmanns Konzeption über die Aufgaben und die Wirkungsweise der Rechtsordnung nicht so — wie es auf den ersten Blick aussehen mag

---

[47] Armin *Kaufmann*, Normentheorie, S. 68, 69.
[48] Zu diesem Fragenkreis insgesamt Armin *Kaufmann*, Normentheorie, S. 69 ff. und die kritische Weiterführung seines Konzepts der Normgenese bei *Horn*, Konkrete Gefährdungsdelikte, S. 65 ff. (69).
[49] N. *Hartmann*, Ethik, S. 171 und dazu Armin *Kaufmann*, Normentheorie, S. 75 f.; zur Kritik und Widerlegung des Entwurfs einer materialen Wertethik Scheler-Hartmannscher Prägung vgl. *Weischedel*, Recht und Ethik, S. 230 ff. (251, 254); vgl. auch die profunde Kritik von *Podlech*, in: AöR, Bd. 95 (1970), insbesondere S. 202.
[50] Armin *Kaufmann*, Normentheorie, unter Berufung auf Welzel, Hervorhebung vom Verf.

— absolut festgeschrieben. Horn hat dargetan, daß eine Parallelisierung der zweiten und dritten Wertungsebene im Kaufmannschen Verständnis darin zu erfolgen hat, „*Ereignisse*" als unwertig zu bezeichnen, die entweder in einer Rechtsgutverletzung oder in einer Verletzungsgefahr münden[51]. Mitbedacht ist bei dieser Ableitung — wie Horn mit Recht betont — immer die spezifische *Funktion* der Rechtsordnung. Die Rechtsordnung will die in der Rechtsgemeinschaft Zusammenlebenden zu bestimmten Verhaltensweisen veranlassen. Deshalb werden Verhaltensnormen aufgestellt, die bestimmte Verhaltenserwartungen stabilisieren sollen. Dabei macht sich der Normgeber die Fähigkeit des menschlichen Individuums zunutze, sich zwecktätig zu verhalten. „Die Finalstruktur der Handlung bietet also das Material, aus dem die Verbotsmaterie, die Tatbestandsumschreibung gleichsam herausgestanzt ist[52]." Diesen Zusammenhang der Bestimmungsfunktion der Normen und die Gebundenheit an die Verhaltensstruktur der Normunterworfenen herauspräpariert zu haben, ist die weittragende Kernaussage der Lehre vom personalen Unrecht[53]. Wenn aber heute der Kampf gegen das Verursachungsdogma weitgehend vorangetrieben ist, wenn feststeht, „daß der Handlungsunwert ganz generell nicht nur ein konstitutives Element des Unrechts unter mehreren ist, sondern daß das Handlungsunrecht oder Unterlassungsunrecht schlechthin das Unrecht menschlichen Verhaltens ausmachen"[54], wenn die Vertypung der folgenlosen Fahrlässigkeit ansteht, dann wird klar, wie sehr diese Position von der *Bestimmungsfunktion* der Norm her aufgebaut ist. Die Verursachung mißbilligten Erfolges — Prototyp einer statischen Rechtsschutzlehre — rückt völlig in den Hintergrund. Mit der zunehmenden Explikation der menschlichen Zwecktätigkeit und Motivationsfähigkeit bleibt für die am Erfolgseintritt orientierte Zufallshaftung immer weniger Raum.

Mit Bezug auf die Wertungen sowohl der ersten wie der zweiten Stufe im System Kaufmanns wird klar, daß auch diese Wertungen von Anfang an bezogen sind auf menschliches Verhalten in Sozietät. Güter, Sachgegenstände, Ereignisse sind wertvoll oder unwertig, sofern sie die Sicherung der Lebensbedingungen und die Entfaltungsspielräume des einzelnen betreffen. Lebens- und Entfaltungsinteressen des einzelnen in der Gemeinschaft zu sichern, ist Aufgabe der Rechtsordnung und damit auch des Strafrechts. Die Funktion des

---

[51] *Horn*, Konkrete Gefährdungsdelikte, S. 68 f. (72, 77).
[52] So zuletzt Armin *Kaufmann*, Zum Stande der Lehre vom personalen Unrecht, S. 396.
[53] Vgl. zur Betonung der Bestimmungsfunktion, *Zielinski*, S. 121 f. sowie *Horn*, Konkrete Gefährdungsdelikte, S. 70 f.
[54] Armin *Kaufmann*, Zum Stande der Lehre vom personalen Unrecht, S. 411.

Strafrechts ist, um mit Welzel zu sprechen, positiv sozialethischer Natur: „Indem es den wirklich betätigten Abfall von den Grundwerten rechtlicher Gesinnung verfemt und bestraft, offenbart es in der eindrucksvollsten Weise, die dem Staat zur Verfügung steht, die unverbrüchliche Geltung dieser positiven Aktwerte, formt das sozialethische Urteil der Bürger und stärkt ihre bleibende rechtstreue Gesinnung[55]."

Die kritische Reproduktion der von Kaufmann vorgenommenen Normgenese mit Bezug auf sein Verständnis der sachlogischen Strukturen hat ergeben, daß im Mittelpunkt des Zweckprogramms — Verhaltenssteuerung durch strafrechtliche Bestimmung — die Bestimmungsfunktion der Gebote und Verbote steht. Dabei ist die Orientierung darüber, welche Akte zu einem friedfertigen Leben in gesicherten Bedingungen wertvoll oder wertwidrig sind, nicht durch ein ideales Sosein gebunden, sondern der normative Konsens in seiner jeweiligen historischen Aktualität, das, was „nach der Kulturüberzeugung der Gesellschaft unwertig ist"[56], gibt an, welche Verhaltenserwartungen stabilisierungsbedürftig und -notwendig sind.

2. Dogmatik als Grenzwissenschaft

Entsprechend dem oben dargelegten wissenschaftstheoretischen Grundansatz werden damit alle Theoreme zurückgewiesen, die eine universelle, idealistische Theorie der Gesellschaft und ihrer Entwicklung propagieren[57]. Ansatzpunkt jeder Verhaltenssteuerung durch

---

[55] *Welzel*, Lehrbuch, S. 3. Gemessen am Soziologenneuhochdeutsch (Stabilisierung von Verhaltenserwartungen, Reduktion von Komplexität) erscheinen die Formulierungen Welzels als verstaubt; sachlich jedoch hat Welzel vieles über eine modellhafte Funktionsanalyse des Strafrechts bereits diagnostiziert; vgl. zur Funktionsbestimmung auch *Rüping / Dornseifer*, in: JZ 1977, S. 417 f.

[56] *Maurach*, Deutsches Strafrecht, AT, S. 144; vgl. dazu auch *Engisch*, Zur „Natur der Sache" im Strafrecht, S. 204 ff., insbesondere S. 222 f., der hervorhebt, daß die „freie Hand" des Gesetzgebers bei Wertungsfragen tunlichst den „Kontakt mit den volkstümlichen Wertungen im Interesse einer gerechten Strafrechtspflege zu wahren" hat; siehe eingehender dazu unten 3. Kapitel, B, II.

[57] Die im deutschsprachigen Raum vorfindlichen, auf umfassende Erklärung der Gesellschaft gerichteten Sozialphilosophien sind die „Kritische Theorie" und die „Systemtheorie". Beide Theorien erheben den Anspruch, Gesellschaft im ganzen, in ihrer Totalität zu begreifen. Vor der Aufgabe, umfassende Gesellschaftsorientierung zu leisten — hier mit Bezug darauf, welche Zustände und Verhaltensweisen mit dem Instrumentarium des Rechts zu befördern, welche zurückzudrängen sind — müssen sie aber scheitern. Die Spielarten der „Kritischen Theorie" — expressis verbis auf der Marxschen Gesellschaftsanalyse fußend — bleiben in ihren historischen Totaldeutungen so vage und unbestimmt, „daß sie zur Rechtfertigung fast jeder beliebigen Praxis dienen können", vgl. *Albert*, Plädoyer für kritischen Rationalismus, S. 48; Grundlegend für die „Kritische Theorie": *Habermas*, Erkenntnis und Interesse, bes. S. 104 ff., 392 ff.; *Horkheimer*, „Kritische Theorie"; *Apel*, Szientistik, Hermeneutik, Ideologiekritik. Vgl. dagegen die prononzierte Kritik bei *Albert*,

rechtliche Regelungen ist die „normative gesellschaftliche Verständigung auf die soziale Werterfahrung"[58]. Das Aufdecken der empirischen Voraussetzungen der Verhaltenssteuerung durch rechtliche Regelungen führt für den Gesetzgeber wie für den anwendenden Rechtsstaat zu einer *funktionalen* Bindung an die erkannten Strukturen. „Das Recht, soweit es die Funktion hat, menschliches Verhalten zu beeinflussen, ist notwendig an dessen Seinsstrukturen gebunden[59]."

Die allgemeine Rechtslehre und moderne Dogmatik wird also nicht einfach irgendwelche Systematisierung leisten, sondern gerade die Erweiterung des Erfahrungswissens über Verhaltenssteuerung durch rechtliche Regelungen anregen, mit vorantreiben und kritisch aufarbeiten. Dogmatik und allgemeine Rechtslehre sind insoweit „Grenzwissenschaften, die die Erfahrungen der Rechtsphilosophie und -soziologie für die dogmatische Rechtswissenschaft nutzbar machen"[60].

Traktat über kritische Vernunft und die im Band „Plädoyer für kritischen Rationalismus" zusammengefaßten fünf Beiträge zum „Positivismusstreit". Die Systemtheorie liefert hingegen ein möglichst umfassendes Erklärungsmuster des jeweils bestehenden Systems und der Bedingungen des weiteren Funktionierens. Der Systemzweck selbst, sein Wert und Unwert verschwinden hinter dem vorrangigen Frageziel des störungsfreien Funktionierens. Grundlegend im Sinne der Systemtheorie, *Luhmann,* Positives Recht und Ideologie, in: ARSP, Bd. 53 (1967), S. 531 ff.; *Luhmann,* Legitimation durch Verfahren, bes. S. 141 ff.; *Luhmann,* Rechtssoziologie; kritisch dazu *Habermas,* Theorie der Gesellschaft oder Sozialtechnologie?; *Esser,* Vorverständnis und Methodenwahl, Kap. IX, S. 202 ff.; *Böhler,* Rechtstheorie als kritische Reflexion.

[58] *Hassemer,* Theorie und Soziologie des Verbrechens, insbesondere S. 151 ff., 211 ff.; vgl. außerdem die zusammenfassende Darstellung bei *Stratenwerth,* Strafrecht, AT I, S. 4 ff.

[59] Armin *Kaufmann,* Dogmatik, S. 20; für diese „relative" Gebundenheit scheint sich auch *Stratenwerth* auszusprechen, wenn er feststellt, daß der Charakter menschlicher Zwecktätigkeit oder die sachlogische Struktur der Schuld die gesetzliche Regelung nur dann binden können, wenn sie mit einer bestimmten Rechtsfolge an menschliche Handlungen oder an Schuld anknüpfen will; Natur der Sache, S. 10. Die menschliche Zwecktätigkeit und die Schuld seien aber nur relevant, wenn als leitender Wertgesichtspunkt der Mensch als *Person* in den Blick komme, S. 17 ff. Es erhebt sich dann die Frage, ob diese Hinsicht im Sinne *Kaufmanns* notwendig ist oder nicht. Dafür, daß *Stratenwerth* selbst — trotz seiner kritischen Auseinandersetzung mit der Hartmannschen materialen Wertethik — von einer notwendigen Bindung an den „leitenden" Wertgesichtspunkt ausgeht, spricht folgende Formulierung: „Nicht die sich unter einer bestimmten Hinsicht jeweils konstituierenden, geschichtlich kontingenten Wertverhalte, sondern nur der leitende Wertgesichtspunkt selbst ist in seinem Ursprung *unverrückbar.*" Vgl. *Stratenwerth,* Verantwortung und Gehorsam, S. 91.

[60] Vgl. *Strömholm,* Allgemeine Rechtslehre, S. 14.

Drittes Kapitel

Das Recht

A. Darstellung der Merkelschen Position

I. Der Konflikt als Voraussetzung des Rechts

Es bleibt also zunächst bei Merkels Frage: Welches sind die tatsächlichen Funktionen, welches tatsächlich die Quellen der Kraft des Rechts?

Es folgt die Bestimmung des Rechts als formalisierte Machtentscheidung.

Das Recht — so nimmt Merkel den sozialwissenschaftlichen Ansatz wieder auf — gehört einer Sphäre der Gegensätze und Konflikte an und entwickelt sich aus diesen. Seine ursprüngliche Aufgabe ist, sich als eine Macht über allen anderen Mächten zu erheben und das Gesetz eines übergeordneten Willens an die Stelle eines Chaos sich gegenseitig verneinender Willen zu setzen[1].

Wo immer aus der Konkurrenz, in welcher sich die Glieder der menschlichen Gesellschaft mit ihren Interessen auf allen Lebensgebieten gestellt fänden, Konflikte hervorgingen und in Machtkämpfen eine Entscheidung suchten, da zeige sich auch das Bedürfnis, jene Kämpfe und die daraus für die Streitenden selbst und für Dritte hervorgehenden Gefahren und Übel in irgendwelche Grenzen einzuschließen.

II. Die friedenstiftende Funktion des Rechts

Dieses Bedürfnis führe dazu, neutrale Instanzen auszubilden, die von den Streitenden angerufen werden könnten und welche einen Bereich des Friedens unter ihnen herzustellen und für die Befriedigung gemeinsamer Interessen Spielraum zu schaffen vermöchten[2].

Somit weist Merkel dem Recht in seiner allgemeinen Bestimmung „die Funktion zu, Macht und Freiheitssphäre abzugrenzen"[3]. Historisch betrachtet sei der Weg der Entwicklung des Rechts durch Kom-

---
[1] *Merkel*, Recht und Macht, in: Ges. Abh., S. 414.
[2] *Merkel*, Recht und Macht, in: Ges. Abh., S. 405.
[3] *Merkel*, Rudolf von Jhering, in: Ges. Abh., S. 744.

promisse und die Herstellung von immer aufs neue aufgehobenen und immer wieder unter anderen Modalitäten begründeten Gleichgewichtsverhältnissen bezeichnet[4].

Aus den Kollisionen zwischen den Individuen, den Gesellschaftsklassen, Völkern usw. entwickele sich das Bewußtsein einer natürlichen Solidarität und gewinne unter anderem in *Sitte* und *Recht* Organe für eine den Frieden und gedeihliches Zusammenwirken begünstigende Betätigung[5].

III. Die Wirkungsweise des Rechts im einzelnen

Wie nun im einzelnen entfaltet das Recht seine friedensstiftende Kraft, was qualifiziert die je getroffene oder erfolgende Machtentscheidung zu einer im Namen des Rechts getroffenen, zu einer gerechten?

Das Recht, gegeben in einem System von Bestimmungen und Regeln — Rechtssätzen — wie auch die darauf beruhenden richterlichen Entscheidungen, wirkt auf zweifache Weise. Es wende sich an unser Wissen, indem es Auskunft gebe über die Grenzen menschlicher Machtgebiete, die zu respektieren seien. Insoweit sei es Lehre. Zweitens wende es sich an unseren Willen und sei darauf gerichtet, Beweggründe für ein dieser Auskunft entsprechendes Verhalten wirksam werden zu lassen, es wirke als Macht, indem es die Beachtung dieser Grenzen fordere und verbürge[6].

1. Das Recht als Lehre

a) Grenzbestimmung einer freien Entfaltung
innerhalb konkurrierender Interessen

„Zunächst also ist das Recht ein Ganzes von *Urteilen* über das, was in bezug auf die Grenzverhältnisse des gesellschaftlichen Lebens als zweckmäßig und gerecht zu erachten ist[7]."

Das Recht ist Mittel zu dem Zweck, ein friedliches und geordnetes Nebeneinander- und Miteinanderleben der Rechtsunterworfenen zu verwirklichen und ihren Willen und Interessen ein Gebiet freier Betätigung zu sichern[8].

Die Grenzbestimmungen wirken einerseits beschränkend und bindend, andererseits als eine Gewährleistung von Macht und Freiheit.

---

[4] Vgl. *Merkel*, Fragmente, S. 92 f.
[5] *Merkel*, Besprechung Gumplowicz, in: Ges. Abh., S. 476 f.
[6] *Merkel*, Enzyklopädie, § 14 f.
[7] *Merkel*, Enzyklopädie, § 58 mit der Hervorhebung vom Verf.
[8] *Merkel*, Enzyklopädie, §§ 6 und 25.

Das Recht beschränkt die Willkür in bestimmten Richtungen, damit in anderen menschliche Interessen und menschliches Wollen zu freier Betätigung gelangen können[9].

Die Gesellschaft ist das Zwecksubjekt des Rechts. Dabei ist Gesellschaft nicht etwas bloß Gedachtes, sondern eine eigengeartete Realität. Sie stelle ein Ganzes geistiger Kräfte dar, daß sich in bestimmten Wirkungsformen, den Formen staatlicher Tätigkeit, äußere. „Auf dieses im staatlichen Recht wirksame Ganze üben jedoch gesellschaftliche Faktoren von verschiedenem Ursprung und Charakter teils nebeneinander, teils einander ablösend, teils zusammenwirkend, teils einander bekämpfend, einen in seinem Umfang veränderlichen Einfluß aus, so daß die Einheit des Rechts nur eine relative ist[10]." Eine vollkommene Harmonie der Interessen, welchen das Recht diene und welche auf seinen Inhalt und seine Wirksamkeit Einfluß ausübten, lasse sich nicht erreichen; denn gewinne ein Interesse einen Einfluß auf das Recht, so geschehe das immer auf Kosten eines anderen. In Anlehnung an die Zwecktheorie Iherings bestimmt Merkel demnach Recht zunächst als Mittel zum gesellschaftlich Zweckmäßigen. Recht ist nicht Selbstzweck, sondern es dient dem Friedensinteresse und den Interessen, welche innerhalb einer solchen Ordnung die Möglichkeit einer freien Betätigung finden[11]. Als Mittel zum Zweck möglichst freier Verfügung über Sachen schütze das Strafrecht z. B. das Eigentum. Dabei ist die Ausgleichung der wirtschaftlichen Interessen primär intendiert, nicht etwa die Befriedigung etwaiger Gerechtigkeitsvorstellungen. Jedoch ist zu berücksichtigen, daß der oberste Zweck des Rechts nicht in der Befriedigung privater Interessen einzelner zu sehen ist, sondern soweit die Interessen einzelner durch die Anwendung von Rechtssätzen geschützt sind, sind sie es nur, „weil und soweit als dahinter allgemeinere Interessen stehen". So ist jeder Teil des Rechts ein Organ gesellschaftlichen Interesses[12].

Außerdem besteht ein nicht aufhebbarer Gegensatz von Recht und Macht. Das Herrschaftsinteresse weist die Mächtigen darauf hin, sich des Rechts als eines Mittels zum Zwecke zu bedienen, ihm demgemäß ihre Kraft zu leihen und sich so in den Dienst der allgemeinen Interessen zu stellen. So erscheint das Recht zwar als Organ sowohl der Herrschenden wie der Beherrschten, jedoch findet, da sich beiderlei Interessen niemals decken, ein *Konkurrenzkampf* um die vorwiegende Beeinflussung des Rechtsinhaltes statt[13].

---
[9] *Merkel*, Elemente, in: Ges. Abh., S. 577 f.
[10] *Merkel*, Elemente, in: Ges. Abh., S. 595.
[11] *Merkel*, Enzyklopädie, § 25 und Elemente, in: Ges. Abh., S. 592.
[12] *Merkel*, Elemente, in: Ges. Abh., S. 594, 595.
[13] *Merkel*, Elemente, in: Ges. Abh., S. 597.

b) Die Kompromißnatur des Rechts

Das jeweils in Kraft befindliche Recht hat den Interessen gegenüber, welche bei seiner Bildung konkurrierten, die Bedeutung eines Friedenspaktes. Dieser weist hin auf das Verhältnis der Kräfte, die sich in der Zeit des Zustandekommens gegenüberstanden[14].

Da dieses Kräfteverhältnis sich ständig ändert, ist auch diese Geltung nicht von Dauer. Als Friedenspakt zeigt das Recht nur seine Kompromißnatur. Damit nicht nur ein Interesse — etwa das der Herrschenden — vom Recht bevorzugt wird, gilt es neutrale Faktoren herauszustellen, welche dem Mißbrauch einer momentanen Machtüberlegung entgegenwirken und ein *Festhalten an den friedlichen Formen des Messens* der Kräfte begünstigen. Merkel sieht, entwicklungsgeschichtlich betrachtet, den Fortschritt in dieser Richtung darin, daß die *Eigenmacht* und *Selbsthilfe* zurückgedrängt wurde zugunsten einer *unparteilichen gerichtlichen Wirksamkeit*. Diese in gewisser Hinsicht *formale Neutralität* des Rechts — einmal in seiner nur an die Rechtsregel gebundenen Entscheidung des Gerichts und zum anderen begründet in der Tatsache, daß die Regel selbst ohne Kenntnis der konkreten Streitsache aufgestellt ist und allgemein gilt — kann jedoch nicht darüber hinwegtäuschen, daß das Recht stets ein Ausdruck von Machtdifferenzen und deshalb in gewissem Sinne parteilich ist. „Das Alle und alles menschliche gleichmäßig umfassende Recht, wird ein Ideal bleiben, das aus der Ferne glänzt, gleich einem unerreichbaren Gestirne[15]."

c) Die Gerechtigkeit der Grenzziehung

Merkel kommt schließlich zu dem Schluß, daß auch vom Standpunkt einer *absoluten* Gerechtigkeit aus gesehen die größere Macht einmal hinweise auf fundamentalere Interessen, für welche sich die größere Energie zu entwickeln pflege, und zum anderen auf die Interessen einer größeren Zahl. Die Berufung auf eine den geschichtlichen Machtentscheidungen innewohnende Gerechtigkeit, könne nicht als unsinnig zurückgewiesen werden. Es gehe nur darum zu prüfen, wie es um die Bedingungen gestellt sei, die Interessenkonflikte friedlich zu lösen und dem mit dem Recht intendierten Ziel einer gerechten Friedensordnung näherzukommen[16].

Was die Gerechtigkeit der Grenzziehung und des Rechts anbelangt, so bestimmt Merkel, daß der im Namen der Gerechtigkeit zu for-

---

[14] *Merkel*, Elemente, in: Ges. Abh., S. 599.
[15] Vgl. *Merkel*, Recht und Macht, in: Ges. Abh., S. 426 und 416 f.
[16] *Merkel*, Recht und Macht, in: Ges. Abh., S. 426 f.

dernde *Inhalt* in eine bestimmbare Abhängigkeit von den eigenen *Lebenserfahrungen* jeder Generation trete[17].

Wenn die Gerechtigkeit angerufen werde, spreche sich darin ein Wertgefühl und zugleich das Bewußtsein aus, daß dasselbe auf wahren Voraussetzungen gegründet sei[18]. Das Urteil über die Gerechtigkeit eines Rechtssatzes oder einer richterlichen Entscheidung richte sich auf die Überprüfung ihrer tatsächlichen und ihrer moralischen Wahrheit[19]. Ein Strafurteil z. B. könne nur dann als gerechtes gelten, wenn a) feststehe, daß die Tat *tatsächlich* von dem Angeklagten begangen worden sei, und b) wenn der Inhalt des Urteils mit unseren moralischen Wertschätzungen solcher Handlungen, d. h. mit unseren ethischen Werturteilen im Einklang stehe. Das Recht ist folglich von den *ethischen Werturteilen abhängig*, welche sich bei dem gegebenen Volke zu einer gegebenen Zeit als die herrschenden erweisen. Die gemeinsamen ethischen Überzeugungen und Interessen werden vom Gesetzgeber, der gleichsam wie ein Unparteiischer bei militärischen Manövern feststellt, welche Überzeugung die stärkere ist, und entscheidet, wie die Streitenden sich zu bewegen haben, zur bindenden Norm erhoben und als solche verkündet. So bilden im Urteil des Gesetzgebers Recht und Macht keinen Gegensatz, sondern fallen zusammen[20].

d) Die Verbindung von Zweckmäßigkeit und Gerechtigkeit im Recht

Nun stehen Zweckmäßigkeit und Gerechtigkeit im Bereich des Rechts nicht isoliert nebeneinander. Der im Recht sich äußernde Wille erreicht im allgemeinen seine Zwecke nur unter den Voraussetzungen, daß seine Bestimmungen der Natur der geordneten Verhältnisse entsprechen (tatsächlich wahr sind) und den davon betroffenen Menschen als gerecht erscheinen. Die Klarstellung und Sicherung der Grenzen menschlicher Machtgebiete erfolgt nicht um der Gerechtigkeit willen, aber sie erfüllt ihren Zweck nur als eine gerechte. Jene Grenzziehung führt nur dann zu einer gesicherten Ordnung, wenn sie nach Maßgabe der *herrschenden Anschauungen* jedem das Seine zuerkennt, und sich an einem Maßstabe orientiert, der allen als ein gültiger erscheint[21]. Allerdings wie das Recht nur unvollkommen seinem Zweck sich nähert, so könnte die Gerechtigkeit eine vollkommene nur sein, wenn eine allgemeine Übereinstimmung der Anschauungen über die tatsächliche Beschaffenheit und moralische Qualifikation der Verhältnisse,

---

[17] *Merkel*, Elemente, in: Ges. Abh., S. 605.
[18] *Merkel*, Elemente, in: Ges. Abh., S. 610.
[19] *Merkel*, Enzyklopädie, § 30 f.
[20] *Merkel*, Recht und Macht, in: Ges. Abh., S. 422 und Enzyklopädie, § 34.
[21] *Merkel*, Enzyklopädie, § 35.

Personen und Handlungen existiert. Eine solche Übereinstimmung besteht jedoch nur innerhalb veränderlicher Grenzen und die Verschiedenheit der menschlichen Individuen und Bedingungen, unter welchen sich ihre Anschauungen entwickelten, schließen die Möglichkeit aus, daß es je eine vollkommene Übereinstimmung gibt[22].

e) Die fortschrittliche Entwicklung zum „richtigen" Recht

Es erhebt sich die Frage, ob nichts anderes übrig bleibt, als diese Machtentscheidung im Namen der Gerechtigkeit lediglich zu registrieren, oder ist sie so zu kanalisieren und zu steuern, daß man von einer fortschreitenden Entwicklung im positiven Sinne sprechen kann. Ist in der Erklärung der Faktizität, mit dem Beweis der größeren Stärke im Verlauf von Machtentscheidungen auch der Beweis des besseren Rechts erbracht? Woher und wie gewinnen wir die Maßstäbe zu sagen, daß das Seiende auch so oder anders sein soll? Woher, um anders zu fragen, gewinnen wir die Kriterien des richtigen Rechts? Ist die Bearbeitung zu kondensierter Entwicklungsgeschichte das einzige wissenschaftliche Substrat, das uns auch über den *Wert* des tatsächlich gegebenen in seiner kausalen Verknüpfung Auskunft gibt?

Merkel sieht durchaus die Möglichkeit zu fragen: Welches „sind die objektiv gültigen Werturteile, auf welche die Imperative des Rechts sich stützen müssen, um vernünftigerweise als verbindlich betrachtet werden zu können oder wie können wir uns seine (des Rechts) verpflichtende Kraft gebunden denken, so daß uns dies eine logische oder ethische Befriedigung gewährt"[23]? Aber — so diagnostiziert Merkel — der Rechtswissenschaft liege eine solche Fragestellung ebenso fern, wie der Geographie die Frage, ob es einen vernünftigen Sinn habe, daß die Quellen des Rheins in den Alpen liegen. Ist aber damit schon gesagt, daß der die Wirklichkeit analysierende Wissenschaftler niemals Gesichtspunkte gewinnt, sich wertend — und zwar richtig wertend — zur Entwicklung zu verhalten? Merkel verneint diese Frage entschieden. Einmal ergebe sich nämlich aus der Erforschung des Gegebenen, welche Entwicklung möglich sei, und zweitens würden wir auf diese Weise belehrt, welche Richtung der möglichen Entwicklung zu fördern und welche zu bekämpfen sei. Zu fördern seien die Elemente eines Zustandes, auf welche die von ihm bewirkte Befriedigung zurückzuführen sei; zu bekämpfen aber jene Elemente, auf welche die in dem Zustande sich begründenden Schädlichkeiten und Störungen zurückzuführen seien[24]. Offenbar in dem Bewußtsein, das Problem

---

[22] *Merkel,* Enzyklopädie, § 39 f.
[23] *Merkel,* Besprechung von Schuppe, in: Ges. Abh., S. 544.
[24] *Merkel,* Über das Verhältnis der Rechtsphilosophie zur „positiven" Rechtswissenschaft, in: Ges. Abh., S. 319.

noch nicht begrifflich geklärt zu haben, gibt Merkel ein Beispiel aus einem anderen Wissensgebiet. Dem Mediziner entwickele sich aus der Beobachtung des gesunden und kranken Menschen das Bild einer normalen Konstitution und normalen Funktion des menschlichen Organismus. Dieses lasse ihn krankhafte Bildungen und Prozesse als solche erkennen und gebe ihm Zielpunkte und Gesichtspunkte für die Behandlung. Überall führe uns die Beobachtung des Lebens dazu, uns die Formen zu entwerfen, welche der ungehemmten, unter günstigen Bedingungen erfolgenden Entwicklung eines Komplexes von Kräften entspreche. Zusammenfassend erklärt Merkel: „Das ‚Soll' ist daher nur eine Konsequenz des Urteils über das ‚Ist' und kann daher nicht den Gegenstand einer Disziplin bilden, welche der Wissenschaft des Ist selbständig gegenüberstünde[25]." Entgegen der Meinung Kohlrauschs[26] verwirft Merkel nicht jede Aussage über das Seinsollen als unwissenschaftlich. Dies geschieht nämlich nur dann, wenn ein Werturteil abgeleitet wird aus abstrakten Begriffen und hohen Idealen, die an die Wirklichkeit nicht mehr gebunden sind und nur einer geistigen Sphäre des spekulativen Denkens und Kombinierens angehören. Ins Positive gewendet, ist Merkel in der Frage der fortschrittlichen Einflußnahme auf Machtentscheidungen sehr optimistisch. Es gebe nämlich Quellen des Streites, die geschlossen werden könnten. Hierher gehörten Irrtum und Unwissenheit über die wahre Interessenlage, die häufig allzu leichtfertig nur kontradiktorisch gesehen würden.

Die wachsende Aufklärung könne hier helfen[27]. Außerdem empfänden die höher organisierten Individuen die Interessen der anderen im gewissen Umfang als ihre eigenen. Endlich sei — wie die Erfahrung zeige — der natürliche Gang der Dinge darauf gerichtet, die Interessen immer weiterer Kreise in ein gegenseitiges Abhängigkeitsverhältnis voneinander und in eine gemeinsame Abhängigkeit von identischen Bedingungen zu bringen. So durch Vermittlung der Arbeitsteilung und des Austausches von Gütern und Ideen. Außerdem, was die Entwicklung des Ethos, jener die Gerechtigkeit tragenden Überzeugungen, angehe, so habe sich gezeigt, daß die Gesellschaft, die den einzelnen umgebende gesellschaftliche Welt, nicht in einem einseitigen Beherrschungsverhältnis zur Einzelpersönlichkeit stehe, sondern auch ihrerseits Einwirkungen dieser erleide. Die Geschichte der ethischen Anschauungen lasse überall den Einfluß bedeutender Persönlichkeiten erkennen, ohne daß sich die bei diesen zugrundeliegenden Empfindungen ihrerseits wieder als bloße Reflexe sozialer Vorgänge und Machtäuße-

---

[25] *Merkel*, Über das Verhältnis der Rechtsphilosophie, zur „positiven" Rechtswissenschaft, in: Ges. Abh., S. 319.
[26] *Kohlrausch*, Über deskriptive und normative Elemente, S. 267.
[27] *Merkel*, Recht und Macht, in: Ges. Abh., S. 421.

rungen betrachten ließen. Als Beweis verweist Merkel auf die Anschauung und Lehren Christi, die nicht als ein solcher Reflex definiert werden könnten[28].

Die auf diese Weise sich im Hinblick auf eine fortschreitende Entwicklung verfeinernden Anschauungen gewinnen selbst ein gewisses Maß an Widerstandskraft den jeweils in die Gesellschaft hervortretenden Interessen gegenüber. Dies ergibt ein neues Spannungsverhältnis, das einer aufstrebenden Entwicklung günstig ist.

Das Recht hat sich demnach als Lehre erwiesen „über das, was im Bezug auf die Grenzverhältnisse des gesellschaftlichen Lebens als zweckmäßig und gerecht zu erachten ist"[29]. Es zeigt insoweit einen theoretischen Charakter, als in autoritativer Weise festgestellt wird, was als Rechtsinhalt Geltung erlangen oder behalten soll.

2. Das Recht als Macht

a) Das Recht als Willensentscheid

Jedoch stellt sich das Recht gleichzeitig dar als ein System von Willens- und Machtäußerungen, die darauf gerichtet sind, „die reale gesellschaftliche Welt in bestimmter Weise zu gestalten"[30]. Dem Wissen über das, was Rechtsinhalt ist, kommt somit niemals eine selbständige Bedeutung zu, da die Feststellung des Inhalts, welchen das Recht haben soll, immer zugleich eine Willensentscheidung enthält und nur kraft dieser eine maßgebende Bedeutung besitzt. In den Satzungen des Rechts „äußert sich der Wille, der in einer Gemeinschaft sich als Macht bewährt, und der den Mitgliedern der Gemeinschaft Beweggründe zu einem seinen Weisungen entsprechenden Verhalten auch in dem Falle gibt, wo der Inhalt dieser Weisungen ihren individuellen Interessen nicht entspricht"[31].

b) Die Abhängigkeit der Rechtsmacht von den ethischen Überzeugungen

Das Recht übt seine Macht in zweifacher Richtung aus; es verleiht Befugnisse und erlegt Pflichten auf. Bezüglich der Pflichten erfahren die Rechtsunterworfenen dabei eine doppelte Nötigung. Einmal erfahren sie sein Sollen. „Diejenigen, an welche die Gebote sich richten, sehen sich moralisch genötigt, ihnen zu gehorchen (ethische Macht des

---

[28] *Merkel*, Elemente, in: Ges. Abh., S. 612.
[29] *Merkel*, Enzyklopädie, § 58.
[30] *Merkel*, Enzyklopädie, § 58.
[31] *Merkel*, Enzyklopädie, § 43.

Rechts); zum anderen erfahren sie ein Müssen, eine sinnliche Notwendigkeit zu einem entsprechenden Verhalten (materieller Macht)[32]."

Die *ethische Macht* des Rechts oder was dasselbe ist, die *verpflichtende* Kraft der Rechtsvorschriften ist nur gegeben, sofern gewisse Eigenschaften bei ihnen vorausgesetzt und *anerkannt sind*, die ihnen unsere Achtungsgefühle abgewinnen und die moralische Kräfte unserer Natur für sie tätig werden lassen[33].

In der Frage der Rechtsgeltung fallen für Merkel Sittlichkeit und Recht zusammen. „Eine Norm hat Geltung bei einem Volke heißt soviel wie: Es wird ihm von diesem ein Wert zuerkannt, auf welchen sich eine von der Anwendung irgendwelcher Zwangsmittel unabhängige Wirkungsfähigkeit und tatsächliche Wirksamkeit gründet[34]."

Gebote irgendeiner Macht, welche lediglich mit Hilfe physischer Machtmittel oder kraft der Furcht vor deren Anwendung sich durchzusetzen vermöchten, sind hiernach *nicht* als Rechtsnormen zu betrachten.

Die verpflichtende Kraft der Rechtsvorschriften ist das Bündnis mit den im Volke lebenden *moralischen Kräften*. „Eine gewaltsam oktroyierte Ordnung ist erst von dem Moment an Rechtsordnung (oder Teil einer solchen), wo das *Übergewicht* der moralischen Kräfte im Volke sich auf ihre Seite neigt und ihr eine freiwillige Beachtung als einer maßgebenden Richtschnur des Handelns sichert[35]." So kann also aus Unrecht Recht und aus Recht Unrecht werden, nämlich wenn das Recht in seiner Entwicklung den ethischen Anschauungen bei einem Volke nicht folgt. Es gibt kein moralisches Ansehen für das Recht und demgemäß keine verpflichtende Kraft seiner Vorschriften, welche von seinem Einklang mit den im Volk sich geltend machenden moralischen Kräften unabhängig wäre.

Merkel bleibt auch hier seinem wissenschaftstheoretischen Ansatz treu und untersucht, was die verpflichtende Kraft des Rechts tatsächlich ausmacht, was sie ist, nicht wovon sie vernüftigerweise als abhängig gedacht werden sollte. Entgegen Ihering geht Merkel davon aus, daß das Recht nicht die Hebamme des Sittlichen sein könne, sondern umgekehrt die Gesetzesherrschaft setze ethisches Empfinden und Anschauungen, ein Gefühl von einem Sein-Sollenden, voraus[36]. Ausdrücklich lehnt Merkel außerdem die individualisierende Anerkennungstheorie Bierlings ab; denn nicht weil die einzelnen die Rechtsnorm als

---

[32] *Merkel,* Enzyklopädie, § 46.
[33] *Merkel,* Enzyklopädie, § 49.
[34] *Merkel,* Elemente, in: Ges. Abh., S. 589.
[35] *Merkel,* Elemente, in: Ges. Abh., S. 590, Hervorhebung vom Verf.
[36] *Merkel,* Rudolf v. Jhering, in: Ges. Abh., S. 754 in Fußnote 1.

gültig anerkannt haben, empfinden sie eine moralische Nötigung, ihnen zu gehorchen, sondern umgekehrt finden die Rechtsnormen die ihnen wesentliche Anerkennung, weil ihnen ein aus anderer Quelle fließender Wert und Gehorsamsanspruch beigemessen wird. Der Verpflichtungsgrund des Rechts besteht nach Merkel in der herrschenden Überzeugung von der moralischen Dignität der Rechtsvorschriften[37].

Die materielle Macht des Rechts ist demgegenüber sekundär. Sie hält lediglich für diejenigen, die nicht genügend Beweggründe finden, sich entsprechend den Vorschriften zu verhalten, Machtmittel bereit, durch welche die Erfüllung der Gebote erzwungen werden soll[38].

B. Würdigung

I. Das Problem der Rechtsgeltung im Licht der positivistischen Rechtstheorie

Merkel hat sich dem Kernproblem der rechtsphilosophischen Bemühung — der Geltungsfrage — differenzierter gestellt als seine grobe Einordnung, „Positivist" zu sein, Glauben machen möchte. Bei der Frage, ob das Recht und damit der Rechtsbegriff ohne moralische Kategorien zu analysieren ist, ob über die Machtanwendung und ihre Erklärung als rein faktisches Regelungsverhältnis hinauszukommen ist, teilt Merkel jedenfalls nicht den Standpunkt der Hauptströmungen positivistischer Rechtstheorie, nämlich weder den der „Reinen Rechtslehre" noch den der modernen analytischen Rechtstheorie.

1. Der Standpunkt Kelsens

a) Die Disparität von Sein und Sollen

Recht und Macht in ihrer Relationalität zu bestimmen, die Geltungsfrage endgültig in *formvollendeter* Durchführung des positivistischen Ansatzes geleistet zu haben, ist der Anspruch der durch Hans Kelsen begründeten Reinen Rechtslehre. Dabei ist originär positivistisch im Sinne empiristischen, an der Faktizität orientierten Denkens zunächst nur, daß sie vom positiven, durch menschliche Tat erzeugten Recht ausgeht[1]. Jedoch versucht sie, über die faktischen Geltungslehren und ihre erkenntnistheoretische Ableitung aus dem Empirismus hinauszugehen und „eine von aller politischen Ideologie und allen naturwissenschaftlichen Elementen gereinigte, ihrer Eigenart, weil der Eigengesetzlichkeit ihres Gegenstandes bewußten Rechtstheorie zu begründen"[2]. Der

---

[37] *Merkel*, Enzyklopädie, § 49 und Besprechung von Bierling, in: Ges. Abh., S. 481.
[38] *Merkel*, Enzyklopädie, § 50 und Elemente, in: Ges. Abh., S. 589.
[1] *Kelsen*, Reine Rechtslehre, S. 201.
[2] *Kelsen*, Reine Rechtslehre, 1. Auflage, S. III.

neukantianischen Erkenntnistheorie verpflichtet, geht Kelsen von der absoluten Disparität von Sein und Sollen aus. Die Rechtswissenschaft hat es nicht mit realen, der Wirklichkeit zugehörigen Gegenständen zu tun, sondern mit „reinem" Sollen; sie hat normativen Charakter[3]. Als Normwissenschaft ist sie auf die Erkenntnis eines als hypothetisch verstandenen Sollens gerichtet. Ihr Verknüpfungspunkt ist nicht die Kausalität, sondern die Zurechnung, ihr sprachlicher Ausdruck die Kopula „soll"[4].

b) Der Rückgriff auf die Grundnorm

Kelsen definiert das Recht als normative Zwangsordnung menschlichen Verhaltens[5]. Eine vollständige Rechtsnorm ist eine Norm nur dann, wenn sie einen Zwangsakt als Sanktion statuiert. „Eine Handlung oder Unterlassung ist ein Unrecht oder Delikt, weil sie mit einem Zwangsakt als ihrer Folge verknüpft wird[6]." Die Norm als Anforderung unter Androhung eines staatlichen Zwangsaktes setzt aber als intentionaler Akt, der auf das Verhalten der Rechtsunterworfenen gerichtet ist, auch einen Willensakt voraus. „Kein Sollen ohne ein — wenn auch nur fingiertes — Wollen[7]." Dabei macht nicht der Willensakt als solcher, sondern sein Sinn, und zwar sein objektiver Sinn, die Norm aus[8]. Die Konstruktion des Sollens in der Bedeutung von gebieten, erlauben, ermächtigen als Willensakt mit objektiver Sinngebung ist entscheidend für die Geltungsfrage. Die Frage nach der Objektivität des Sollens ist die Frage nach dem Geltungsgrund einer Rechtsnorm. Getreu der strikten Trennung der auf das Sein oder das Sollen gerichteten Denkmodi kann ein Sollen immer nur auf ein anderes Sollen zurückgeführt werden, so daß sich die Geltung einer Rechtsnorm nur aus der Geltung einer anderen, höheren Rechtsnorm ergibt, die der niederen den Charakter des objektiven Gesolltseins verleiht. Nachdem es für Kelsen in den „Hauptproblemen"[9] noch „juristisch ein Mysterium" war, wie Recht zu Recht wird, hat er zuletzt um dem regressus ad infinitum zu entgehen, das Theorem von der „Grundnorm" entwickelt. In Anlehnung an die von seinem Schüler Merkl[10] entwickelte Lehre vom Stufenauf-

---

[3] *Kelsen,* Hauptprobleme, S. 6 und Der soziologische und juristische Staatsbegriff, S. 75 f.
[4] *Kelsen,* Reine Rechtslehre, S. 78 f.
[5] *Kelsen,* Reine Rechtslehre, S. 45 f.
[6] *Kelsen,* Reine Rechtslehre, S. 116.
[7] *Kelsen,* Zum Begriff der Norm, S. 63.
[8] Vgl. dazu insgesamt *Dreier,* in: JZ 1972, S. 329 ff. (331).
[9] *Kelsen,* Hauptprobleme, S. 334, 411.
[10] Vgl. insbesondere seine Hauptschriften, Prolegomena einer Theorie des rechtlichen Stufenbaus, in: WRS, Bd. I, S. 1311 ff. und Das doppelte Rechtsantlitz, in: WRS, Bd. I, S. 1091 ff.

bau der Rechtsordnung gelangt Kelsen zu der Feststellung, daß die Verfassung, von der wiederum alle untergeordneten Normen ihre Geltung ableiten, den Charakter des objektiven Gesolltseins nur erlangt, wenn es eine oberste Norm gibt, derzufolge man sich so verhalten soll, wie die Verfassung vorschreibt. Konstituiert aber die Grundnorm dadurch, daß sie die Geltung, das objektive Gesolltsein verleiht, erst das Recht, so wird ihre Annahme zugleich zur Voraussetzung der Möglichkeit der Rechtserkenntnis[11]. Die Grundnorm wird für die Rechtswissenschaft zum „methodologischen Apriori"[12]. Mit der Voraussetzung einer Grundnorm soll kein dem positiven Recht transzendenter Wert bejaht werden; und „der Inhalt einer positiven Rechtsordnung ist von ihrer Grundnorm völlig unabhängig"[13]. Sie beschränkt sich darauf, eine normsetzende Autorität zu bestimmen, die jeden beliebigen Inhalt zum Recht erklären kann[14].

c) Kritik

Bliebe die Reine Rechtslehre bei dieser erkenntnistheoretischen Funktion der Grundnorm stehen, so leistete sie nicht mehr, als ein kunstvolles gedankliches Gebäude zu etablieren mit relativ klarer Sprachregelung, um jede beliebige Machtentscheidung, auch diejenige des grausamsten Despoten oder der schlimmsten KZ-Ordnung als eine rechtliche, eine rechtlich verpflichtende, eine mit Geltungsanspruch ausgestattete, rechtswissenschaftlich zu erklärende und zu fundierende zu akzeptieren. So gesehen — die Disparität von Sein und Sollen streng durchhaltend — würde die Sollensableitung aus der Grundnorm nichts anderes als das artifizielle Gedankenkonstrukt jedweder wirklichen Ordnung sein. Das Spezifikum der Rechtlichkeit bliebe nach wie vor offen. Jedoch an diesem Punkt gibt Kelsen die strenge Trennung von Sein und Sollen auf und postuliert: „Eine Rechtsordnung wird als gültig angesehen, wenn ihre Normen im großen und ganzen wirksam sind, d. h. tatsächlich befolgt und angewendet werden[15]." Erich Kaufmann spricht in diesem Zusammenhang von einer restlosen Kapitulation vor dem extremsten Empirismus[16]. Kelsen selbst hat diesem Einwand entgegengehalten, daß die Wirksamkeit als Bedingung für die Geltung des Rechts nicht mit der Geltung gleichgesetzt werden könne. Sie sei nicht Element des Rechts, sondern nur Voraussetzung. Somit könne aus

---

[11] Vgl. dazu *Walter*, Der gegenwärtige Stand der Reinen Rechtslehre, in: Rechtstheorie Bd. 1 (1970), S. 69 ff. (87).

[12] *Dreier*, in: JZ 1972, S. 331.

[13] *Kelsen*, Reine Rechtslehre, S. 224.

[14] *Kelsen*, Reine Rechtslehre, S. 201, 224.

[15] *Kelsen*, Reine Rechtslehre, S. 219.

[16] Erich *Kaufmann*, Kritik der neukantianischen Rechtsphilosophie, S. 30.

der Bedingung der Wirksamkeit nicht unbedingt die faktische Gleichsetzung von (Sanktions-) Macht und Recht gefolgert werden. Der Wirksamkeitsbegriff sei nämlich an der Anordnung der Rechtsnorm durch das Rechtsorgan hauptsächlich orientiert[17].

Jedoch wie auch immer Kelsen den Wirksamkeitsbegriff verstanden wissen will — mehr als Befolgungswirksamkeit oder als Anwendungswirksamkeit — der Überstieg in die Sphäre des Seins ist getan, und die hypothetische Grundnorm wird zum fiktiven Deutungsschema, nachdem sich jedes positive Recht, d. h. jede im großen und ganzen wirksame Zwangsordnung dahin deuten läßt, „als ob es eine objektiv gültige, normativ verpflichtende Ordnung wäre"[18]. Damit wird die Ableitung der Rechtsgeltung aus der hypothetischen Grundnorm zum „fachideologischen Überbau des Tatsächlichen"[19]. Wenn nun das Recht nach Kelsen nichts anderes ist als eine „bestimmte Ordnung (oder Organisation) der Macht"[20], so ist klar, daß diese Theorie kein Kriterium liefert, noch anstrebt, das die staatliche Zwangsnorm als Recht von der nackten Gewalt unterscheidet. Die Reine Rechtslehre „hat kein Kriterium mehr zu liefern, daß den Räuberhauptmann vom obersten Staatsorgan und damit das Unrecht vom Recht unterscheiden könnte"[21]. Das absolute Herausdrängen ethischer und moralischer Kategorien aus dem Begriff des Rechts, der Rechtspflicht und der Rechtsgeltung macht die Reine Rechtslehre in ihrer logizistischen Verbrämung zu einer umfassenden Machttheorie, in der auch die KZ-Ordnung als „Rechtsordnung" gedacht werden kann.

2. Der Standpunkt Harts

a) Die begriffliche Trennung von Recht und Moral

Eine konsequent positivistische — an der strikten Befreiung des Rechtsbegriffs von moralischen Ansprüchen interessierte — Auffassung wird von der analytischen Rechtstheorie vertreten. Sie ist der Auffassung, daß das Recht einer sozialen Gemeinschaft ausschließlich in deskriptiven Kategorien ohne jede moralische Beurteilung zu erfassen

---

[17] *Kelsen*, Juristischer Positivismus, S. 466/468.

[18] So *Welzel* in seiner eingehenden Kritik der Kelsenschen Ableitung, An den Grenzen des Rechts, S. 28.

[19] Theodor *Geiger*, Vorstudien, S. 206; eine dezidierte Kritik des von Kelsen vorgeschlagenen syllogistischen Verfahrens mit dem Ziel, die Geltung der Norm friktionsfrei als rein normative Geltung zu erklären, liefert *Schreiber*, Rechtspflicht, S. 145. Zur terminologischen Klarstellung der unterschiedlichsten Positivitäts- und Geltungsbegriffe vgl. Ott, Der Rechtspositivismus, insbesondere S. 19 ff.; *Eckmann*, Rechtspositivismus und sprachanalytische Philosophie, besonders S. 25 ff.

[20] *Kelsen*, Reine Rechtslehre, S. 221.

[21] Armin *Kaufmann*, Probleme rechtswissenschaftlichen Erkennens, S. 149.

ist. Es sei streng zwischen Recht und Moral zu trennen. Der Begriff des Rechts ist „ausschließlich im Sinne des positiv geltenden Rechtes einer in der empirischen Wirklichkeit existenten politischen Gemeinschaft zu verstehen"[22]. Damit versucht diese Theorie einen Rechtsbegriff zu etablieren, der von jeder inneren Verbindlichkeit, von jeder Sachrichtigkeitsintention absieht. Scharf wendet sich Hart daher gegen die von Radbruch — gerade nach der mit der grauenvollen Naziordnung gemachten Erfahrung — aufgestellte Theorie, Gesetze, die in eklatanter Weise gegen die Gerechtigkeit verstießen, seien nicht nur „unrichtiges" Recht, sondern entbehrten überhaupt der Rechtsnatur[23]. Hart befürchtet, daß eine Konfusion des begrifflichen Instrumentariums einträte, wenn man moralische Mindestinhalte in den Begriff des Rechtes mit aufnähme. Nach seiner Auffassung kann auch das, was im höchsten Grade verwerflich und unmoralisch ist, Recht sein. Gerade dadurch, daß man die moralische Bewertung von dem Gegenstand des Rechtes trenne, träten die moralischen Fragen um so klarer hervor und man entgehe der Gefahr, daß originär moralische Fragen kaschiert würden. „Die Fälle, in denen das Leben uns zwingt, von zwei Übeln das geringere zu wählen (entweder ein wertvolles *moralisches* Prinzip aufzugeben oder sich *rechtlich* zu verhalten), muß man wie Brennesseln anfassen: Mit dem Bewußtsein dessen, was man tut[24]."

Die Frage nach dem moralischen Gehorsamsanspruch einer Norm ist also streng zu unterscheiden von ihrer rechtlichen Gültigkeit. Hoerster, der wohl bedeutendste deutschsprachige Interpret des Hartschen Konzeptes, spitzt diese Trennungsthese dahin zu, „daß man es sich zur selbstverständlichen Denkgewohnheit macht, daß die *moralische* Fragwürdigkeit einer Handlung mit der Feststellung ihrer *rechtlichen* Gebotenheit oft erst überhaupt beginnt"[25]. Ihm bereitet es keine Schwierigkeiten zu erklären, juristisch betrachtet sei zum Beispiel der Richter im Einzelfall auch verpflichtet, das extrem unsittliche Gesetz anzuwenden, nicht aber sittlich betrachtet[26].

Dieser strikten Trennung von Recht und Moral liegt ein pragmatisches Wissenschaftskonzept zugrunde, das streng unterscheidet, ob philosophische Fragen von einem begrifflichen, normativen oder empirischen Standpunkt aus diskutiert werden. Unter begriffspragmatischen Gesichtspunkten jedenfalls dürften sittliche Bewertungen mit dem Begriff des Rechts nicht konfundiert werden.

---

[22] *Hoerster*, Grundthesen, S. 125.
[23] Vgl. *Radbruch*, Rechtsphilosophie, S. 352 f.
[24] *Hart*, Recht und Moral, S. 44.
[25] *Hoerster*, Einleitung, in: Hart, Recht und Moral, S. 9.
[26] *Hoerster*, Grundthesen, S. 128.

b) Der „Mindestinhalt" des Rechts

Mit dieser Ausklammerung jeglichen Wertbezugs aus dem Begriff des Rechts scheinen die Würfel auch aus der Sicht der analytischen Position zugunsten der Identität von sich durchsetzender Macht und Rechtsordnung gefallen. Interessanterweise kommt jedoch Hart selbst auf eine notwendige Entsprechung von Recht und Moral zu sprechen, die in dem Mindestinhalt des Naturrechts besteht, welcher in jeder menschlichen Ordnung zu finden ist. Hart knüpft an das tatsächliche Phänomen an, daß die Menschen im allgemeinen weiterleben wollen und nennt dies eine „ganz kontingente Tatsache"[27]. Dabei weist Hart die Vorstellung als metaphysisch zurück, daß der Überlebenswunsch etwas im voraus Festgelegtes sei, dem die Menschen notwendig nachstreben müßten, weil es ihr eigentliches Ziel oder Gut sei. „Das Überleben beschäftigt uns als etwas, was bei der Diskussion über den Begriff und die Struktur des Rechts vorausgesetzt wird: denn wir befassen uns mit den sozialen Gegebenheiten für die bestmögliche Fortsetzung der Existenz, nicht mit den sozialen Gegebenheiten eines Selbstmordclubs[28]." Es zeige sich, so folgert Hart weiter, daß, sofern man von dem allgemeinen Überlebenswunsch als generell akzeptierter faktischer Einstellung ausgehe, „es gewisse Verhaltensregeln gibt, die *jede* soziale Organisation enthalten muß, wenn sie sich am Leben erhalten will"[29]. Da nun die Menschen entgegen ihrem Wunsch (zufällig) körperlich verletzbar seien, gebe es Regeln, die diese Verletzlichkeit der Menschen untereinander verhindern wollen. Hart nennt insgesamt fünf Binsenweisheiten (truisms), praktisch notwendige Regelungsvoraussetzungen, jeder „Überlebensordnung". Der Überlebenswunsch bedingt die vernunftgeleitete Anerkennung von Verhaltensprinzipien wie dem Totschlags- und Körperverletzungsverbot. Ferner konstatiert Hart die annähernde Gleichheit aller Menschen und die Tatsache, daß sie weder Engel noch Teufel sind. Daraus folgt ein System der gegenseitigen Nachsicht und des Kompromisses[30]. Da zur Versorgung der Menschen nicht in unbegrenztem Maße Nahrung, Kleidung und Wohnraum zur Verfügung stehen, ist „eine Minimalform von institutionalisiertem Eigentum unabdingbar und ebenso eine bestimmte Regelart, die die Achtung vor dem Eigentum (nicht notwendig individuelles Eigentum) verlangt"[31]. Diese Tatsachen, welche Regeln über Personen und Eigentum für das soziale Leben notwendig machten, drohten oft an dem begrenzten Verstehen und der be-

---

[27] *Hart*, Der Begriff des Rechts, S. 264.
[28] *Hart*, Der Begriff des Rechts, S. 265.
[29] *Hart*, Der Begriff des Rechts, S. 265/266, Hervorhebung vom Verf.
[30] *Hart*, Der Begriff des Rechts, S. 269.
[31] *Hart*, Der Begriff des Rechts, S. 270.

grenzten Willensstärke der Menschen zu scheitern. Deshalb seien Sanktionen erforderlich, um die Wirksamkeit des Rechts zu gewährleisten.

Solange also an dem Überlebenswunsch als einfachem Faktum angeknüpft wird, ist *Rechts*ordnung jede Ordnung, die mindestens einer kleinen Gruppe von Sklavenhaltern Schutz gewährt[32].

c) Die Struktur der Rechtsregel

Der Struktur nach besteht die derart auf *reine* Tatsachen zurückgeführte Rechtsordnung aus einem System von allgemeinen Regeln. Hart unterscheidet rechtspflichtschaffende Primärregeln und machtübertragende Sekundärregeln[33]. Bei den sekundären Regeln wird dann weiter nach Änderungs-, Entscheidungs- und Anerkennungs(Erkenntnis)regeln (rule of recognition) differenziert.

Für die Geltungsfrage — mit Blick auf die Beziehung von Recht und Macht — liegt die entscheidende Existenzvoraussetzung für das Rechtssystem darin, daß die Amtspersonen die Sekundärregeln befolgen[34]. Die Anerkennungs-, Erkenntnisregeln als grundlegende Sekundärregeln existieren „nur als komplexe aber normalerweise übereinstimmende Praxis der Gerichte, Beamten und Privatpersonen bei der Identifizierung des Rechts nach gewissen Kriterien des Rechts. Ihre Existenz ist eine Tatsache"[35]. Häufig werde die Mehrheit der Bürger die grundlegende Anerkennungsregel, welche festlegt, daß die in den Entscheidungen des Anwendungsstabes zum Ausdruck kommende Primärregel als Recht zu beachten ist, auch anerkennen. Ausreichend für die Existenz eines Rechtssystems ist hingegen die Anwendung und Akzeptierung der grundlegenden Sekundärregel, wobei sich die Akzeptierung in der Anwendung der Regel manifestiert[36]. Das Rechtssystem beruht demnach als regelhafte Ordnung zur Sicherung des Überlebenswunsches auf den Tatsachen der Regelakzeptierung und der allgemeinen Regelanwendung oder Befolgung wenigstens durch einen Teil der Gesellschaft. Eckmann spricht deshalb zutreffend von Harts Lehre als einer Anerkennungs- und Befolgungstheorie des Rechts[37].

---

[32] *Hart*, Recht und Moral, S. 50.

[33] Dazu *Hart*, Der Begriff des Rechts, S. 155 ff., sowie die grundlegende Darstellung und Kritik des Hartschen Konzeptes bei *Eckmann*, Rechtspositivismus und sprachanalytische Philosophie, insbesondere S. 58 ff.; außerdem die Zusammenfassung bei *Ott*, Der Rechtspositivismus, S. 94 f.

[34] *Hart*, Der Begriff des Rechts, S. 164.

[35] *Hart*, Der Begriff des Rechts, S. 155, vgl. im Original *Hart*, The Concept of Law, S. 107; zu den Schwierigkeiten und Ungenauigkeiten der Übersetzung vgl. *Hoerster*, in: JZ 1975, S. 262.

[36] Dazu die klare Analyse von *Eckmann*, Rechtspositivismus und sprachanalytische Philosophie, S. 96.

[37] *Eckmann*, Rechtspositivismus und sprachanalytische Philosophie, S. 97.

d) Kritik

Der Positivismus Hartscher Prägung hat Recht als regelgeleitetes System jedweder gesellschaftlichen Ordnung in seiner schlichten Faktizität erklärt, sofern diese Ordnung die Sicherung des Überlebens, wenn auch im äußersten Fall nur einiger weniger Menschen, intendiert. Die analytische Rechtstheorie weist sich somit als konsequente Machttheorie aus. Sie erklärt, auf welche Weise unter welchen Minimalbedingungen und existentiellen Voraussetzungen menschliche Ordnung sich machtvoll etablieren kann. Sie erklärt wie die Autorität — jedwede Autorität — sich zwangshaft durchsetzt, wie die sozialpsychologischen Voraussetzungen jedweder Überlebensordnung aussehen. Sie läßt damit als rein deskriptive Wissenschaft die Frage der Werthaftigkeit, der Sachrichtigkeit der jeweiligen Ordnung aus der rechtlichen Betrachtung heraus. Das forschungspraktische Ergebnis läuft auch hier — jedenfalls tendenziell — darauf hinaus, jedwede Zwangsordnung mit dem Begriff des Rechts zu belegen. Die kritische Überprüfung, die moralische Bewertung jeder faktischen Ordnung soll der Rechtspolitik und im wissenschaftlichen Bereich der Ethik überlassen bleiben.

Hart kann aber die von ihm vollzogene scharfe Trennung von Recht und Moral — Rechtswissenschaft und Ethik — selbst nicht exakt durchhalten. Er betont zwar, daß der von ihm konstatierte Mindestinhalt des Naturrechts sich aus der Natur des Menschen ergebe, wie sie nun einmal sei, nicht wie sie sein solle. Eckmann führt denn auch aus, daß Hart intrasystematisch betrachtet, einen unzulässigen Schluß vom Sein auf das Sollen vermieden habe[38]. Nur, was ist mit dieser terminologischen Festlegung und Anknüpfung an den Überlebenswunsch und die sich daraus ableitenden Regeln für das menschliche Zusammen-Überleben als reiner Seinstatsache gewonnen?

Fest steht jedenfalls, daß die Menschen ihr Leben als aufgegeben, als in Gemeinschaft zu vollziehende sinnvolle und sinngeleitete existenzielle Anforderung begreifen. Was bedeutet es dann, die Regelgeleitetheit des moralischen Menschen als kontingente Tatsache zu sehen? Warum der artifizielle Versuch, die Moralität, die Wertbezogenheit menschlichen Verhaltens als strikt zufällig zu definieren? Es geht offenbar darum, die These der Disparität von Sein und Sollen durchzuhalten und aus der Rechtswissenschaft jegliche ethische Fragestellung zu eliminieren. Dabei hilft, um dieses Ergebnis zu erzielen — Recht habe nur mit faktischer Regelhaftigkeit zu tun —, nur noch die utopische Überlegung, es seien auch Menschengeschöpfe *denkbar*, die unverletzlich wären und deshalb in Gesellschaft das Tötungsverbot überflüssig machen würden[39].

---

[38] *Eckmann*, Rechtspositivismus und sprachanalytische Philosophie, S. 49 f.
[39] *Hart*, Der Begriff des Rechts, S. 268.

Solange wir aber die menschliche Spezies kennen und in einer relativ konkreten Utopie uns ihrer annehmen, ist die wertbezogene Regelgeleitetheit des Verhaltens gemeinsamer Forschungsgegenstand von Rechtswissenschaft und Ethik. Recht und Sitte haben den gleichen Ursprung. Menschen verhalten sich — und das ist eine Tatsache — als moralische Wesen. Ob dies eine transzendentale Zufälligkeit oder Notwendigkeit ist, muß nicht entschieden werden. Solange das Leben uns *aufgegeben* ist und wir nicht computergesteuerte, automatisierte Wesensheiten sind, die auf festgelegten unverrückbaren Bahnen ihr Dasein zu vollziehen haben, verschwindet auch nicht der offensichtliche Grund „für die charakteristischste Bestimmung des Gesetzes und der Sitte: Du sollst nicht töten"[40]. Wenn aber die Orientierung an wertungsbestimmter Regelhaftigkeit der wirklichen Menschen zu einer minimalen Übereinstimmung sittlicher und rechtlicher Ordnungsschemata führt, scheint die strenge Disjunktion zwischen Rechtswissenschaft und Ethik bzw. ihren jeweiligen Gegenständen nicht durchhaltbar. Es ist nicht einzusehen, warum nicht jedes durch Zwangsordnung geregelte Verhalten — also auch das des Selbstmörderclubs und des absoluten Despoten, der die Menschheit systematisch vernichtet, um sich zum Schluß selbst umzubringen — auch rechtliche Ordnung in konsequenter Durchführung des Hartschen Ansatzes genannt werden könnte. Warum zwar die Sklavenhaltergesellschaft, die KZ-Ordnung noch rechtliche Ordnung sind, andere Ordnungen aber mangels Minimalinhaltes aus der rechtlichen Betrachtung herausfallen, scheint nicht stringent ableitbar.

Die terminologische Fixiertheit darauf, daß Recht nur mit Faktischem zu tun habe, hindert Hart andererseits nicht daran, den traditionellen Fragen der Richtigkeit des Rechts, der inhaltlichen Verbindlichkeit größte Aufmerksamkeit zu widmen; im Gegenteil, er glaubt, auf diese Weise die Konturen vom gerechten zum ungerechten, vom sittlich verpflichtenden zum nichtverpflichtenden Recht schärfer ziehen zu können[41].

Die scharfe Kritik, die Kunz an der analytischen Rechtstheorie geübt hat, geht deshalb insofern fehl, als er diagnostiziert, hinter dem Schein einer wertneutralen wissenschaftlichen Analyse verberge sich eine unwissenschaftliche — weil unreflektiert bleibende — Rechtfertigungsideologie, die dem bloßen Faktum staatlicher Zwangsgewalt eine ihm nicht gebührende Werthaftigkeit unterstelle[42]. Gerade dieses will die

---

[40] *Hart*, Der Begriff des Rechts, S. 268.
[41] *Hoerster*, Grundthesen, S. 124, weist auf die bedeutsamen Versuche einer Vielzahl von analytisch orientierten Denkern hin, ethische Fragen zu behandeln.
[42] *Kunz*, Analytische Rechtstheorie, S. 116.

analytische Theorie vermeiden. Sie beabsichtigt, das Recht von der kritikimmunisierenden, generellen Werthaftigkeit der rechtlichen Regelung zu befreien, um dann die Wertungsfragen klarer stellen zu können. Auch scheint mir die Suche Harts nach dem Mindestinhalt von Sitte und Recht ein Versuch zu sein, traditionelles Sachrichtigkeitsdenken und analytische Forschungseinstellung zu harmonisieren. Sein Hinweis etwa auf die approximative Gleichheit der Menschen, den begrenzten Altruismus, das begrenzte Verstehen und die eingeschränkte Willensstärke und die jeweiligen Folgerungen daraus für die verhaltenssteuernden Regelungen, der Bindung des Regelsystems an diese natürlichen Vorgegebenheiten[43], weisen gewisse Parallelen zu der oben dargestellten Lehre von den sachlogischen Strukturen auf. Ob aber die Intention der analytischen Theorie Hartscher Prägung, Wertungsfragen klarer herauszupräparieren, erreicht wird, muß doch bezweifelt werden. Einmal sei auf die inneren Widersprüche verwiesen, die oben schon angesprochen wurden. Auf der anderen Seite mögen Hart und andere es beklagen, daß nach ihrem Forschungsansatz rechtlicher und sittlicher Anspruch zu leicht konfundiert werden. Jedoch sollte gerade dem sprachanalytisch Forschenden die Tatsache, daß die rechtliche Regel Moralität gerade bei dem einfachen, nicht so differenziert reflektierenden Rechtsunterworfenen prätendiert, zu denken geben. Sollte tatsächlich gesellschaftliche und politische Alltagswirklichkeit werden, daß die rechtliche Regelung unter dem ständigen Verdacht der sittlichen Beliebigkeit steht? Sollte die historisch gewachsene, mühselig erarbeitete Festschreibung grundrechtlicher Prinzipien in unseren modernen Verfassungen unter diesem generellen Verdacht gehalten werden? Wie ist schließlich dem Rechtsanwender, etwa dem Richter, zu raten, der vor die Aufgabe gestellt ist, deutlich erkennbar unsittliches „Recht" anzuwenden[44]? Ihn *rechtlich* zu verpflichten, das Gesetz anzuwenden, ihn *sittlich* aber zu verpflichten, die Anwendung zu verweigern, führt zu einer Zergliederung des Pflichtbegriffs, die sowohl beim Rechtsanwender wie auch beim Normunterworfenen zur Perplexität führen wird, es sei denn, alle wären vom analytisch differenzierten Pflichtverständnis geprägt.

---

[43] *Hart,* Der Begriff des Rechts, S. 258 ff.
[44] Auf diese Frage hat auch *Grünwald,* Zur Kritik der Lehre vom überpositiven Recht, S. 33 f., das Geltungsproblem zugespitzt. Ihm geht es vornehmlich darum, auf die durch das Naturrechtsdenken begründete Gefahr hinzuweisen, daß der Richter „leichtfertig" die Wertung des positiven Rechts durch seine eigene ersetzt. Diese Gefahr — sollte sie gegeben sein — könnte jedenfalls nicht auf das nach überwundenem, traditionellem Naturrechtsdenken behutsame Konzept des „Sachrichtigkeitsdenkens" zurückgeführt werden. Vgl. auch zu diesem Grenzfall die Stellungnahmen von *Eckmann,* Rechtspositivismus und sprachanalytische Philosophie, S. 44 und *Ott,* Der Rechtspositivismus, S. 154 f.

So bleibt vorläufig die These, daß sich die rechtliche Ordnung von der nackten Gewalt, die Pflicht vom Zwang sich prinzipiell unterscheiden können muß. „Nicht aus dem Zwang schöpft eine Sollensordnung ihre verpflichtende Kraft und damit die Geltung des Rechts, sondern allein aus ihrem Inhalt, ihrem Wert, ihrer inneren Richtigkeit[45]." Jener Satz bleibt, obwohl oder gerade weil wir bisher gesicherte Aussagen mit empirischer Stringenz, wie das menschliche Zusammenleben richtig und notwendig zu ordnen ist, nicht haben.

II. Die Weiterführung der Merkelschen Geltungstheorie

1. Die kritische Einordnung der generellen Anerkennungstheorie durch Welzel

Welzel — selbst ein scharfsinniger Kritiker traditionell-naturrechtlichen Denkens — hat versucht, der Verpflichtungswirkung des Rechts einen selbständigen Raum gegen die nur zwingende Macht zu sichern, und dabei Fundamente entdeckt, die schon in der Merkelschen Position angelegt sind.

Merkel, so stellt Welzel fest, habe zutreffend auf die Interdependenz zwischen dem Zustand des positiven Rechts und dem wirklichen sittlichen Leben eines Volkes hingewiesen. Er habe die *Rechtsherrschaft*, die Autorität eines positiven Rechts, als seiendes Sollen aufgewiesen[46]. Nach Welzel ist die Leistungsfähigkeit der generellen Anerkennungstheorie jedoch darauf beschränkt, nur einen Teilaspekt des Rechtsbegriffs zu erfüllen. Sie könne nur zutreffend über die Positivität, Faktizität oder Effektivität des Rechtes Auskunft geben. Dabei ermögliche es diese Theorie — wie sie Merkel vorgeführt habe —, die folgenschwere Identifikation der Rechtsgeltung mit der bloßen „Durchsetzbarkeit eines Befehls abzuwehren und das Recht schon auf der Ebene der Positivität vom bloßen Macht- und Zwangsakt zu unterscheiden"[47]. Jedoch sei es ein verhängnisvoller Irrtum gewesen, die soziologische Grundlage der generellen Anerkennung, die gemeinsamen Rechtsüberzeugungen, zu etwas normativ Richtigem, etwas objektiv Gültigem hochgesteigert zu haben. Allerdings, jede Norm der Staatsmacht, die

---

[45] Armin *Kaufmann*, Probleme rechtswissenschaftlichen Erkennens, S. 149.
[46] *Welzel*, An den Grenzen des Rechts, S. 23, Hervorhebung durch Welzel.
[47] *Welzel*, An den Grenzen des Rechts, S. 13; vgl. auch dort die Nachweise in Fn. 28 zu den Vertretern der generellen Anerkennungstheorie; grundlegend zu „Effektivität und dem Anspruch auf Richtigkeit", *Ryffel*, Rechtsphilosophie, S. 370 ff. (376, 377). Instruktiv auch die umfassende Darstellung von Hasso *Hofmann*, Legitimität und Rechtsgeltung, insbesondere S. 32 ff.; eine anschauliche Übersicht über „Modelle normativer Geltung" gibt *Garzón Valdés*, in: Rechtstheorie, Bd. 8 (1977), S. 41 ff.

B. II. Die Weiterführung der Merkelschen Geltungstheorie

Anerkennung findet, ist positives Recht, diese Normen haben positive Geltung. Geheime Gesetze im Panzerschrank mögen zwar durchsetzbar sein, erwachsen aber nicht zu positiver Geltung, werden nicht positives Recht[48]. Nach Welzel ist mit dem Aufweis der *positiven* Geltung das Geltungsproblem in seiner Totalität noch nicht erschöpft.

Nach dem Effektivitätsproblem stelle sich das Legitimitätsproblem. Warum soll das Recht, das in einem Staat positive Geltung erlangt hat, auch von denen befolgt werden, die ihm nicht zustimmen? Was begründet seine Verpflichtungskraft auch gegenüber dem Nonkonformisten? „Warum sollte eine Norm deshalb für *mich* gelten, weil *andere* sie befolgen[49]?" So stellt Welzel die zentrale Frage jedweder Geltungslehre.

Welzel gewinnt die Lösung zu dieser Frage aus einer anthropologischen Einsicht. Das Angesprochensein durch Normen, die Verpflichtungswirkung durch überindividuelle Wertgehalte, die Sozialität ist nach ihm kein rein biologisches Faktum, „sondern der Mensch bedarf in seinem sozialen Handeln einer ihn normativ verpflichtenden Sozialordnung"[50].

Wenn auch die Einsicht richtig ist, daß dem Menschen die Ordnung, seine Art der Daseinsgestaltung, nicht wie dem Tier biologisch mitgegeben, sondern als verpflichtender Lebenswille verantwortlich aufgegeben ist[51] — insofern ist auch die Parallele zu Harts Konzept des Überlebens durch regelgeleitete Verhaltenssteuerungen erkennbar — so bleibt doch das Dilemma, daß über den Inhalt der Sollensanforderung stringente Allgemeinverbindlichkeit nicht zu gewinnen ist.

---

[48] *Welzel*, An den Grenzen des Rechts, S. 20; zur Rechtsqualität des Euthanasiebefehls des Führers vom 1.1.39 vgl. auch OLG Frankfurt, in: SJZ 1947, S. 623 f., sowie *Ott*, Rechtspositivismus, S. 186, 190. Zu undifferenziert ist die Einordnung der Merkelschen Anerkennungstheorie, wie Ott sie vornimmt. Wenn er die „Testfrage" aufwirft, ob etwa unmenschliche Verordnungen und Befehle der nationalsozialistischen Gewaltherrschaft nach den verschiedenen Geltungslehren „Recht" sind, wird seine Zuordnung Merkels und Bierlings zu denjenigen, die Rechtsqualität deshalb bejahen müßten, weil es auf die Anerkennung der Rechtsordnung als Ganzes ankomme, der weitaus feinsinnigeren Auffassung Merkels nicht gerecht. Merkel hat schon früh gesehen, daß mit der schrittweisen Loslösung des Normgebers von den herrschenden ethischen Überzeugungen die Legitimität, die Rechtlichkeit der oktroyierten Ordnung insgesamt, in Frage steht. Die ethischen Grundsätze eines Volkes sind ein ständiges „Korrektiv für geschichtlich verfehlte Entscheidungen des Machthabers"; Welzel, S. 31.

[49] *Welzel*, Macht und Recht, S. 294, Hervorhebung durch Welzel, vgl. auch An den Grenzen des Rechts, S. 21.

[50] *Welzel*, Macht und Recht, S. 295.

[51] *Welzel*, Lehrbuch, S. 143, unter Bezugnahme auf *Storch*, Oesterr. Z. f. öff. Recht, Bd. 3 (1951), S. 358.

2. Die Weiterentwicklung des Merkelschen Legitimitätskonzepts

a) Das Festhalten an der Ableitung inhaltlich richtiger Sollurteile durch Sicherung des Rahmens für geistige Auseinandersetzung

Merkel war noch überzeugt, daß über die Frage des Seinsollens ein Seinsurteil entscheidet. Aus dem Werdenden, der „erklärten Entwicklungstendenz" ergäben sich die Gesichtspunkte, sich wertend zu verhalten. Das „Soll" ist nach ihm nur, wie schon dargelegt wurde, eine Konsequenz des Urteils über das „Ist"[52].

Merkel ist der Auffassung, daß sich in der geschichtlichen Entwicklung eine bestimmte Richtung erkennen lasse. Er zeigt sich hier dem in den Evolutionstheorien geprägten Fortschrittsglauben verbunden. Allerdings läßt sich leicht zeigen, daß in der Annahme, die Ausprägung immer differenzierterer Lebensformen bedeute eine aufsteigende Entwicklung, also die Wertverwirklichung, nichts anderes als die heftig bekämpfte idealistische Positon aufscheint. Als realistischer Wissenschaftler kann auch Merkel, sofern solche Hypostasierung vermieden werden soll, nur feststellen, daß ein aus der geschichtlichen Analyse gewonnener Maßstab „abhängig bleibt von der Empfindungsweise jeder neuen Generation"[53]. Es bleibt dann nichts anderes, als die kausale Verknüpfung bestimmter Entwicklungen festzustellen. Deren Bewertung setzt einen neuen zusätzlichen Akt voraus. Max Weber hat diesen Zusammenhang herausgearbeitet und festgestellt, daß die Werturteile selbst der wissenschaftlichen Diskussion entzogen seien, aber die Folgen solcher Wertentscheidungen der rationalen Diskussion durchaus zugänglich gemacht werden könnten[54].

Ebenso hebt Rickert hervor, daß sich die Wissenschaft — sofern sie sich mit Werten und Wertungen befaßt — „damit begnügen muß, aufgrund des Wertsystems die verschiedenen Formen einer Deutung des Lebenssinns nebeneinander zu stellen und zu zeigen, welche von ihnen in sich konsequent sind und welche nicht. Im übrigen wird sie es dann dem einzelnen Individuum überlassen, die Weltanschauung zu wählen, die am besten zu der persönlichen wissenschaftlichen Eigenart paßt"[55].

---

[52] *Merkel*, Über das Verhältnis der Rechtsphilosophie zur „positiven" Rechtswissenschaft, in: Ges. Abh., S. 319. *Maihofer*, Ideologie und Naturrecht, S. 136/137: „Es (das Sollen) ist keine von Außen ins Diesseits einbrechende Macht, sondern eine im Diesseits selbst aufbrechende über das Jetzt und Hier hinausweisende Kraft." „Das Sollen ist kein Gegensatz zum Sein, sondern ein über das gegenwärtige hinausweisendes, künftiges Sein."

[53] *Merkel*, Übersicht über die Geschichte der Rechts- und Staatsphilosophie, S. 90.

[54] Max *Weber*, Wissenschaftslehre, S. 148 f.

[55] *Rickert*, System, S. 407.

Die aus „der Verbindung eines verflachten Hegelianismus mit einem strahlungskräftigen Evolutionismus"[56] herrührende Betonung der Entwicklungstendenz des Seienden als maßgebendem Wertungskriterium, wie sie auch bei Merkel zum Ausdruck kommt, führt sachlich nicht weiter. Intrasystematisch betrachtet, führt Merkels Hinweis, die richtige Wertung ergebe sich aus der erklärten Entwicklungstendenz, zu folgender Friktion. Macht und Recht fallen dann zusammen, wenn die machtvolle Entscheidung in Übereinstimmung mit den ethischen Grundüberzeugungen der Mehrheit der Bürger getroffen wird. Danach könnte der Gesetzgeber oder die sonstige Autorität richtiges Recht jedenfalls nicht aus der „erklärten Entwicklungsgeschichte" ableiten, wenn die Mehrheitsmeinung dieser Erkenntnis entgegenstünde. Dieser Bruch in der Argumentation ist ein weiterer Beleg dafür, daß Merkel sich in der Adaption des Entwicklungsgedankens und seiner Folgerungen dem Zeitgeist des ausgehenden 19. Jahrhunderts verpflichtet sieht. Die Kritik an der Merkelschen rechtsphilosophischen Position hat sich denn auch ausschließlich an dieser Linie seines Denkens aufgehalten[57].

Merkel ist sich indessen der Relativität eines Wertungsmaßstabes bewußt, der aus der Analyse der bisher bei aller Rechtsbildung beteiligt gewesenen Faktoren gewonnen wird. Ihm kommt es darauf an festzustellen, daß die psychologischen und geschichtlichen Tatbestände nicht als die an sich Seinsollenden idealisiert werden, denn die Ableitung eines solchen Sollens „dürfte kaum begründeter und aussichtsreicher sein, als eine Ausfahrt nach dem archimedischen mechanischen Stützpunkt außerhalb der gegebenen Welt"[58]. Das Schwergewicht der Merkelschen Argumentation verschiebt sich demnach auch mehr dahin, die Rahmenbedingungen herauszuarbeiten, die eine realistische und kritische Beurteilung der gebenen Ordnung ermöglichen. Es gilt, dafür zu sorgen, daß Irrtum und Unwissenheit abgebaut werden, daß die Eigenmacht und Selbstsucht zugunsten der Ausbildung neutraler Machtfaktoren, wie der Gerichte, zurückgedrängt werden, daß die Individuen mehr und mehr begreifen, daß die Interessen der anderen in gewissem Umfange als ihre eigenen zu empfinden sind[59]. Merkel betont die Notwendigkeit der institutionellen Absicherung der geistigen Auseinandersetzung um die „bindenden Normen". An die Stelle der gewaltsamen Auseinandersetzung ist nach Merkel im konstitutionellen Staate die friedliche Reform getreten, die an die „Voraussetzung gebunden wird,

---

[56] *Welzel*, An den Grenzen des Rechts, S. 23.
[57] So *Wassermann*, in: ARSP, Bd. 3 (1909/10), S. 365 f. und *Liepmann*, in: ZStW, Bd. 17 (1897), S. 660 f.
[58] *Merkel*, Übersicht über die Geschichte der Rechts- und Staatsphilosophie, S. 91.
[59] *Merkel*, Recht und Macht, in: Ges. Abh., S. 421.

daß es den gesellschaftlichen Mächten überall möglich sei, ihre Gewichte zugunsten oder zuungunsten bestimmter Reformen in die Waagschale zu werfen. An die Stelle des Krieges tritt der Kampf der Parteien, in welchem die Entscheidung nicht minder zugunsten der stärkeren Seite fällt"[60]. Diesen modernen Aspekt des Geltungsproblems — die Frage nach dem Zusammenhang von Legitimität und Geltung — hat Merkel, was bislang nicht gesehen wurde, bereits grundgelegt. Leider sind seine Untersuchungen über die Parteien und Demokratien Fragmente geblieben.

b) Die Entscheidung für die Sicherung der Möglichkeitsbedingungen verpflichtender Sinnentwürfe

Merkel sieht eine enge Beziehung, geradezu „eine Abhängigkeit der Parteien von den Doktrinen", mit anderen Worten von der realistisch betriebenen Wissenschaft. Die Stellung der Parteien zu den gegebenen Zuständen sei von Haus aus eine kritische. Sie nehme deshalb die Wissenschaft in den Dienst, um durch „Aussprechen dessen, was ist" den Schein zu zerstören, welcher die Urteile bis dahin gefangenhielt[61]. Der Kampf der politischen Parteien erscheint Merkel „als eine *Form*, in welcher unabhängig von ihm existierende Kräfte und Verhältnisse zu einem wirksamen und für die Entwicklung der öffentlichen Zustände bedeutsamen Ausdruck gelangen"[62]. So führen schon die fragmentarischen Hinweise Merkels in die Nähe heutiger Konzeptionen über die Ableitung einer *richtigen* Rechts- und Sozialordnung.

Wenn weder Naturgesetze noch Geschichtsgesetze uns hinreichende Aufschlüsse über die Richtigkeit der jeweiligen Gesellschaftslage bringen können, „so muß das nie endende Ringen um die richtige Gestaltung der Sozialverhältnisse vom positiven Recht in solche Bahnen gelenkt und gehalten werden, daß es eine geistige Auseinandersetzung bleibt und nicht durch die Vergewaltigung oder gar durch die Vernichtung von Menschen durch Menschen beendet wird"[63]. Ganz wie Merkel betont Welzel, daß der Prozeß der staatlichen Willensbildung unter dem Prinzip der gegenseitigen Toleranz steht. Er sieht darin auch die entscheidende sozialethische Funktion einer Rechtsordnung, die auch in der Interdependenz zwischen dem Zustand des positiven Rechts und dem wirklichen sittlichen Leben eines Volkes bestehe.

Wenn Recht aber notwendig gebunden ist an die sittlich verankerte Struktur des Verhaltens einzelner in der Gemeinschaft und gleichzeitig

---
[60] *Merkel*, Recht und Macht, in: Ges. Abh., S. 422, 423.
[61] *Merkel*, Fragmente, S. 27, 28 unter Hinweis auf Lassal.
[62] *Merkel*, Fragmente, S. 98, Hervorhebung vom Verf.
[63] *Welzel*, An den Grenzen des Rechts, S. 31/32, ausführlicher dazu vgl. Naturrecht, S. 236 ff.

B. II. Die Weiterführung der Merkelschen Geltungstheorie

eine stringente Ableitung der *richtigen* (wertvollen) Regelung für die konkrete Situation nicht gelungen ist, erhebt sich die Frage, ob überhaupt Relativismus und Deszisionismus überwunden werden können. Fest steht lediglich, daß aus der Tatsache, daß eine stringente Theorie des ethisch Richtigen bisher nicht geleistet werden konnte, auf die generelle Unmöglichkeit der Ableitung von inhaltlich richtigen Sollurteiten nicht geschlossen werden kann. Die Aussage setzte ihrerseits diese Erkenntnis voraus. „Ein Zweifel der Gültigkeit der *unmittelbaren Erkenntnis* hebt sich also durch seinen inneren Widerspruch selbst auf[64]."

Die Erkenntnismöglichkeit auch praktischer Urteile wird nach Nelson immer vorausgesetzt, denn nicht die Erkenntnis sei der Begründung bedürftig, sondern der Irrtum sei erklärungsbedürftig. So zutreffend hiermit Nelson einen grundlegenden Einwand gegen den wissenschaftstheoretischen Skeptizismus formuliert, so angreifbar ist seine Verabsolutierung der „*unmittelbaren Erkenntnis*", eine Annahme, die durch den kritischen Rationalismus widerlegt schien, nun aber von Westermann[65] erneut betont wird. Bei Nelson wird jedoch mit der „*unmittelbaren Erkenntnis*" auf Wahrheit rekurriert, die an und für sich gewiß ist. Eine solche Erkenntnis kann keinen kritischen Einwänden ausgesetzt werden. Albert hat diese Konzeption des Begründungsverfahrens für wahre Urteile als „psychologisierende Form des Dogmatismus" bezeichnet, die den archimedischen Punkt der Erkenntnis durch Rekurs auf ein Dogma festlege.

Die „selbstfabrizierte" Gewißheit läßt aber die Bemühung um Annäherung an die Wahrheit schon entfallen.

Allein darum aber — approximative Annäherung an die Wahrheit — geht es, wenn der Wille zur Erkenntnis der Wirklichkeit über den Willen zur verabsolutierenden Gewißheit gesetzt wird.

Die theoretischen Konstrukte müssen der Möglichkeit des Scheiterns durch Konfrontation mit der realen Welt ausgesetzt sein, um dann durch Korrektur der Annahmen und Festlegungen der Wahrheit näher zu kommen.

Dies setzt zunächst nicht mehr voraus als die Bereitschaft zu unnachgiebiger *Wahrheitssuche*[66].

---

[64] *Nelson*, Schriften, Bd. I, S. 21 und 243, Hervorhebung vom Verf.

[65] *Westermann*, Argumentationen und Begründungen in der Ethik und Rechtslehre.

[66] Vgl. *Albert*, Traktat, S. 14 in und bei Fn. 9 sowie S. 33 f.; kritisch dazu, die den Nelson-Friesschen Ansatz vertiefende Abhandlung von *Westermann*, Argumentationen und Begründungen in der Ethik und Rechtslehre, besonders S. 77 ff. und 182 ff. Nach Westermann geht es nicht um die Frage der Begründung praktischer Erkenntnisse (man hat sie oder hat sie nicht), sondern darum, *welche* praktischen Erkenntnisse einer hat (S. 183); erklärungsbedürf-

Wenn vernünftiges Argumentieren auch im Bereich der inhaltlichen Bestimmung von Sollurteilen generell möglich ist, so bleiben wir dennoch bisher unter der Schwelle voller Stringenz. Armin Kaufmann hat deshalb erwogen, für den Bereich der Axiologik nach einer eigengearteten Methode des Argumentierens zu suchen und so das Maßprinzip der Plausibilität postuliert[67].

Möglicherweise läßt sich die Richtigkeit des konkreten Sozialentwurfs dadurch approximativ bestimmen, daß zunächst negativ ausgeschlossen wird, was jedenfalls nicht Recht sein kann.

Eine moderne Theorie plausibler Ableitung ethischer Urteile hat John Rawls mit seinem Konzept der kompetenten Moralbeurteilung geliefert. Der „kompetente Moralbeurteiler" wird mit bestimmten positiven Merkmalen, wie durchschnittlicher Intelligenz, bestimmter Wissensbasis, Unterwerfung unter die Regeln der induktiven Logik, Aufgeschlossenheit, Bereitschaft zur Überprüfung des eigenen Standpunktes, Wissen über eigene Vorurteile und Neigungen, Einfühlungsvermögen im Falle von Interessenkonflikten usw. ausgestattet[68]. Jedoch zeigt auch dieser Vorschlag bei näherem Hinsehen, daß im Grunde nur die mehr formalen Möglichkeitsbedingungen für die Annahme intersubjektiver Gewißheit über moralische Prinzipien von Rawls festgehalten sind. Fraglich erscheint in der Deduktion Rawls, wer oder wonach letztlich entschieden wird, ob eine bestimmte Person noch zur Klasse der Kompetenten zu rechnen ist oder nicht, ob jemand im Einzelfall die Kriterien erfüllt oder nicht.

Es scheint folglich zuallererst darum zu gehen, allein die Möglichkeitsbedingungen kompetenter Moralbeurteilung zu sichern. Die Vermutung der Richtigkeit sozialer Entwürfe ist demnach um so eher bestärkt, je sicherer die Voraussetzungen für die geistige Auseinandersetzung um den richtigen Entwurf sind.

Sowohl im System Merkels wie auch Welzels wird eine derartige Vermittlung von faktischer Geltung (Effektivität) und überindividu-

---

tig soll dann immer nur der praktische Irrtum sein. Westermann unterläßt eine Substanzierung der unkritisierbaren, durch „innere Wahrnehmung" festgestellten Erkenntnis. Auch die unmittelbaren praktischen Erkenntnisse bleiben somit vage und bieten Raum für dogmatisierenden Abbruch des Begründungsverfahrens.

[67] Armin *Kaufmann*, Das Transpositive, S. 10.

[68] Vgl. *Rawls*, Ein Entscheidungsverfahren für normative Ethik, und *Rawls*, Theorie der Gerechtigkeit, S. 38, 68 ff.; dazu die kritische Analyse des doppelgleisigen methodologischen Vorgehens von Rawls durch *Hoerster*, Über John Rawls Theorie der Gerechtigkeit, S. 59 ff. (64); Hoerster lehnt das Vertragsmodell ab, in welchem die Vielzahl unserer aufgeklärten moralischen Alltagsurteile in einen widerspruchsfreien, systematischen Zusammenhang gebracht werden soll.

B. II. Die Weiterführung der Merkelschen Geltungstheorie

eller Verbindlichkeit (Legitimität) angedeutet. Der den freiheitlich-demokratischen und sozialen Rechtsstaat tragende Verfassungskonsens gewinnt seine Normativität, weil bei Einhaltung *rechtlich* garantierter Spielregeln die *Vermutung* größtmöglicher Rationalität und historisch konkret denkbar größter Konsensfähigkeit gegeben ist. Dabei ist „Konsens in der Demokratie nicht ein einmaliges Geschehen, er bildet den Grundzug der politischen Vorgänge, in denen sich das Wirken eines Volksstaates abspielt"[69].

Die Legitimität ergibt sich aus dem Prozeß der Identifikation kraft Inanspruchnahme rechtlich garantierter Beteiligungsfreiheit[70]. Die sich je erneuernde Legitimität richtiger Sozialentwürfe ist bedingt durch die beständige Mitwirkung aller am Entscheidungsprozeß. Dabei setzt die Institutionalisierung einer kritischen Verständigungsgemeinschaft eine Minimalethik sowie den *Willen* zur Vernunft und den Willen zur Realisierung der Vernunft voraus. Mit Apel läßt sich festhalten, daß dieser Wille „ebenso gegen alle äußeren wie gegen alle inneren Begrenzungen der freien Meinungsbildung sich richtet, also gegen Meinungszensur ebenso wie gegen Manipulation, Demagogie, sowie gegen bewußte und unbewußte Ideologisierung des Verständigungsprozesses richten wird. Darüber hinaus gehört zur Realisierung der ‚offenen Gesellschaft' aber auch die Durchsetzung gleicher Bildungschancen für die Mitglieder der Gesellschaft"[71].

Unter Berücksichtigung institutioneller Garantie für die geistige Auseinandersetzung um das Konzept der richtigen Sozialverfassung ist die Verbindlichkeit der Mehrheitsentscheidung gerade auf dieses offene Verfahren der Willensbildung gegründet, indem prinzipiell jeder die Möglichkeit hat, seine Vorstellungen durchzubringen und stets auch eine Alternative bleibt. Die Verbindlichkeit der Mehrheitsentscheidung setzt die Einsicht der Unterlegenen voraus, „daß deren Anerkennung Bedingung der Möglichkeit eigener Durchsetzung und so letztlich Bedingung der Möglichkeit der Entscheidungskorrektur ist"[72].

Das Festhalten an der Verbindlichkeit der *Mehrheitsentscheidung* bei institutioneller Absicherung und rechtlicher Garantie für die geistige Auseinandersetzung und das alternative Argumentieren ist eine Dezision. Sie ist die bislang plausibelste.

---

[69] *Scheuner*, Konsens und Pluralismus, S. 57; vgl. dazu auch *Kriele*, Theorie der Rechtsgewinnung, S. 182 ff.; *Podlech*, Wertentscheidungen und Konsens, S. 24.

[70] Vgl. dazu die grundlegende Abhandlung von *Hofmann*, Legitimität und Rechtsgeltung, insbesondere S. 60 ff. (77).

[71] *Apel*, Wissenschaft als Emanzipation? Zeitschrift für allgemeine Wissenschaftstheorie, Bd. 1 (1970), S. 191.

[72] *Hofmann*, Legitimität und Rechtsgeltung, S. 88; vgl. auch *Welzel*, Naturrecht, S. 250 f.

Viertes Kapitel

Die Struktur der Rechtsnorm

A. Darstellung der Merkelschen Position

I. Primäre und sekundäre Bestimmung

Wo die moralische Motivation zu einer Befolgung der von den Rechtsvorschriften benannten Verbote und Gebote nicht ausreicht, hält das Recht in den Rechtsfolgen Machtinstrumente bereit, welche den Charakter von Gegenwirkungen gegen die Rechtsverletzung haben. Die Bestimmungen des Rechts sind in bezug auf die Grenzziehung im täglichen Interessenkampf — wie dargestellt wurde — einmal Lehre vom gesellschaftlich Zweckmäßigen und Gerechten, andererseits stellen sie sich als ein System von Willens- und Machtäußerung dar.

Die Struktur des Rechtssatzes entspricht diesen Bestimmungen.

An den Vorschriften des Rechts lassen sich in der Regel zwei Bestandteile aufweisen. Der eine bestimmt, wie wir in bestimmten Verhältnissen im Einklang mit dem Rechten bleiben; der zweite, welche Folgen sich mit dem gegenteiligen Verhalten verknüpfen sollen. Merkel wählt für den ersteren die Bezeichnung primäre oder Hauptbestimmung, für den zweiten die sekundäre oder Nebenbestimmung oder auch Sanktion[1].

Die sekundären Imperative haben eine doppelte Richtung. Sie wenden sich an diejenigen, welche sich in einen Widerspruch mit den primären Geboten und Verboten gesetzt haben und legen diesen irgendwelche Leistungen, Unterlassungen oder Leiden auf, welche die Bedeutung des begangenen Unrechts ausgleichen oder mindern, seine Fortsetzung und Erneuerung hindern und die unter den Schutz des Rechts gestellten Interessen wahren sollen. Dazu gehören sowohl die zivilrechtliche Entschädigungspflicht wie auch die zu erduldende Strafe[2].

Andererseits — so betont Merkel — wenden sich die sekundären Imperative an die Organe des Staates und verlangen von diesen die Feststellung des begangenen Unrechts und der dem Gesetz entspre-

---

[1] *Merkel*, Enzyklopädie, § 54.
[2] *Merkel*, Elemente, in: Ges. Abh., S. 585.

chenden Folge desselben sowie die etwa erforderliche zwangsweise Durchführung dieser Folge. Auf diese Weise steigere die Anwendung und Festsetzung dieser Folge das Ansehen und die bewegende Kraft der primären Gebote. Für den Fall der Nichterfüllung des primären Gebotes habe das sekundäre die Bedeutung, eine Befriedigung des von dem Hauptgebot geschützten Interesses wenigstens seinem allgemeinen Gehalte nach zu ermöglichen. Das heißt, die bewegende Kraft, welche in den ersten Imperativen sich äußert, ist durch die Verletzung nicht verschwunden; sie äußert sich nur den veränderten Umständen entsprechend in anderen *Formen*[3].

II. Die Stellungnahme zum Imperativenmonismus

Entschieden wendet sich Merkel gegen die damals und auch heute noch verbreitete These, das Recht sei nichts anderes als ein Komplex von Imperativen. Das Recht nämlich sei bestimmt durch eine Zweiseitigkeit, vermöge welcher es bei der Gestaltung der Lebensverhältnisse regelmäßig auf der einen Seite ein Sollen und bzw. ein Müssen, auf der anderen Seite ein Dürfen bzw. Können gebe. Somit verbinde sich die Funktion des Gebietens und Bindens mit derjenigen des Erlaubens und Gewährleistens. Das Dürfen leite sich jedoch nicht ohne weiteres aus dem Begriff des Ge- und Verbotes ab. Es bezeichne nämlich die aktive Seite des Rechtsverhältnisses, die Seite des geschützten Interesses. Im allgemeinen entsprächen sich zwar aktive und passive Seite des Rechtsverhältnisses. Jedoch komme das Übergewicht der aktiven, der gewährleistenden Seite des Rechts in zahlreichen Bestimmungen des Rechts zum Vorschein. Als Beispiel führt Merkel an, daß gegenüber einem Unzurechnungsfähigen das Sollen abgestorben sei, gleichwohl aber das Dürfen im alten Umfange mit der vollen Rechtshilfe ausgestattet bleibe. Weiter verweist Merkel auf zahlreiche Bestimmungen des privaten wie des öffentlichen Rechts, welche nur Rechte definieren[4].

Bei der Frage, ob die Rechtsnorm einen Imperativ auch gegenüber dem Unzurechnungsfähigen begründet, hat Merkel bereits eine Entscheidung hinsichtlich des Adressatenproblems getroffen.

Obwohl Merkel die Struktur des Rechtssatzes — ihn interessierte weit mehr die sozialpsychologische Intention und Wirkungsmöglichkeit von Normen — nie zu einem eigenständigen Forschungsthema gemacht hat, sind seine Einwendungen gegen den Monismus der Imperativentheorie geradezu von klassischer Bedeutung.

---

[3] *Merkel*, Rechtsnorm und subjektives Recht, in: Ges. Abh., S. 384.
[4] *Merkel*, Rechtsnorm und subjektives Recht, in: Ges. Abh., S. 376 f.

84   4. Kap.: Die Struktur der Rechtsnorm

Gegen die insbesondere von Thon[5] und Bierling[6] vertretene These, alle Rechtssätze hätten die gleiche imperative Struktur, da wo nicht ausdrücklich die Befehlsform gewählt worden sei, könnten die begriffsentwickelnden oder erlaubenden Rechtssätze nur im Zusammenhang mit Imperativen Bedeutung gewinnen, setzt Merkel folgende Einsicht: „Dem *Recht* steht nach der Natur der Rechtsverhältnisse eine auf den gleichen Gegenstand bezogene *Pflicht* gegenüber; der Freiheit auf der einen Seite entspricht die Gebundenheit auf der anderen Seite. Der legitime Genuß ist bei dem einen Objekt eines Dürfens, bei dem anderen Objekt eines Sollens[7]." Bei Thon behalte zwar die Pflicht ihre natürliche Stellung, aber der Begriff des Rechts in seinem Verhältnis zur Pflicht — „das elementarste Verhältnis unseres Gebietes" — werde aufgehoben.

Merkels Beispiel aus dem öffentlichen Recht ist § 20 des Gesetzes gegen die Sozialdemokratie, welches die Zentralbehörde der Bundesstaaten ermächtigte, mit Genehmigung des Bundesrates unter gewissen Voraussetzungen eine Art von Belagerungszustand zu verhängen. Der Versuch, den Inhalt dieses Paragraphen in erschöpfender Weise in die Form bloßer Imperative zu kleiden, werde zu inadäquater, gekünstelter Form führen[8].

Merkel hat damit den entscheidenden Schwachpunkt des Imperativenmonismus aufgedeckt; die Kompetenznormen und die subjektiven Rechte, auf Distributionsbestimmungen gründend, sind mehr als die Reflexe der Summe von Ge- und Verboten.

Bei den Rechtssätzen, die Sachwerte in Beziehung zu natürlichen und juristischen Personen setzen, handelt es sich um Werturteile; um in der Terminologie Armin Kaufmanns zu sprechen: Werturteile, die wie die Kompetenznormen gegen die These von der Alleinherrschaft der Imperative ins Feld geführt werden können[9].

Grenzen und Möglichkeiten der Imperativentheorie sollen hier deshalb nicht weiterverfolgt werden, weil dieser Problematik in der grundlegenden normtheoretischen Abhandlung über Normlogik und moderne Strafrechtsdogmatik von Armin Kaufmann ausführlich nachgegangen worden ist[10].

---
[5] *Thon*, Rechtsnorm und subjektives Recht, insbesondere S. 92 ff.
[6] *Bierling*, Juristische Prinzipienlehre, Bd. I S. 72, Bd. II, S. 4 Fn. 2 und Bd. III, S. 173 f.
[7] *Merkel*, Rechtsnorm und subjektives Recht, in: Ges. Abh., S. 391.
[8] *Merkel*, Rechtsnorm und subjektives Recht, in: Ges. Abh., S. 378 unter Bezugnahme auf das „Gesetz gegen die gemeingefährlichen Bestrebungen der Sozialdemokratie" vom 21. Okt. 1878, R.-G.-Bl., S. 351; auch abgedruckt in: Gesetze und Verordnungen für den preußischen Staat und das deutsche Recht, hrsg. von *Gotesend*, Jhrg. 1878, S. 267.
[9] Armin *Kaufmann*, Normentheorie, S. 264.

III. Das Adressatenproblem

Die in diesem Zusammenhang bei Merkel durchgeführte Behandlung des Adressatenproblems ist darüber hinaus für die Verbrechenslehre, die abschließend eingehender dargestellt und gewürdigt werden soll, von größerer Bedeutung.

Merkel erörtert das Adressatenproblem traditionellerweise im Zusammenhang mit seiner Kritik an der Imperativentheorie Thons.

Die Eigenständigkeit des Dürfens (aktive Seite des Rechtsverhältnisses) gegenüber dem Sollen (passive Seite des Rechtsverhältnisses) zeige sich darin, daß der Erfüllungszwang gegen einen Unzurechnungsfähigen im alten Umfange mit der vollen Rechtshilfe ausgestattet sei. Auf der anderen Seite sei das Sollen abgestorben und nur ein Müssen übriggeblieben. Oder man denke auch an die erlaubte Selbsthilfe, welche unabhängig davon ist, ob auf der passiven Seite die Verletzung einer Pflicht — eines Sollens — vorliege[11]. Die Rechtsbestimmungen wenden sich an alle diejenigen, deren Verhältnisse sie ordnen, und die, welchen Befugnisse oder Pflichten erwachsen können. Sie richten sich nicht lediglich an die Staatsgewalt. Es ist nämlich die erste Intention des Rechts, diejenigen, deren Pflicht es normiert, direkt zur Erfüllung derselben zu bestimmen. Wer Befehle erläßt, spricht zu denjenigen, welche diese Befehle vollziehen sollen; und wer erlaubt, ermächtigt, gewährleistet, spricht zu denjenigen, um deren Freiheit und Willensbetätigung es sich handelt[12]. Die Annahme aber, das Recht wende sich in den Imperativen auch an Unzurechnungsfähige sei falsch; denn augenscheinlich habe es keinen Sinn, Befehle an jemanden zu richten, von dem man wisse, daß er sie nicht verstehe und nicht befolgen könne, also solche Befehle auch nicht verletzen könne. Es sei etwas anderes zu behaupten, daß auch schuldloses Verhalten rechtliche Folgen haben könne. Die Begründung und der Maßstab solcher Folgen sei ein anderer als bei Verletzung von Imperativen[13]. Merkels Stellungnahme zum Adressatenproblem weist deutlich auf die von ihm entwickelte *Unrechtslehre* hin.

---

[10] Vgl. insbesondere Armin *Kaufmann*, Normentheorie, S. 86 ff., 121 ff. und 259 ff.; dazu auch *Engisch*, Einführung, S. 22 ff.
[11] *Merkel*, Rechtsnorm und subjektives Recht, in: Ges. Abh., S. 377.
[12] *Merkel*, Elemente, in: Ges. Abh., S. 587.
[13] *Merkel*, Rechtsnorm und subjektives Recht, in: Ges. Abh., S. 387 sowie schon in Kriminalistische Abhandlungen, S. 43 f.

B. Würdigung

I. Das Sachproblem der Konkretisierung der Norm zur Pflicht

Nur in Kenntnis Merkels eigentümlicher Unrechtskonzeption ist eine kritische Würdigung seiner Stellung zum sogenannten Adressatenproblem möglich.

Die Imperative — so die von Merkel bekämpfte Auffassung — könnten an jeden gerichtet werden, auch an Unzurechnungsfähige, schlafende und juristische Personen[14]. Diese These ist dann häufig mit der Annahme verbunden worden, daß alle Adressaten von der Norm auch *verpflichtet* würden[15].

Sachlich geht es bei dem sogenannten Adressatenproblem in der Tat um die Frage nach der Verpflichtung des einzelnen durch die Norm. Merkel bemüht sich gerade um die Lösung dieses Sachproblems. Er hält es für sinnwidrig zu behaupten, Personen, die augenscheinlich Befehle nicht verstehen und somit auch nicht befolgen können, die Verletzung dieser Befehle vorzuhalten. Ihm geht es demnach sachlich darum, ob auch für den Unzurechnungsfähigen oder sonst Schuldlosen die Norm zur konkreten Pflicht geworden ist, ob dem einzelnen schuldlos Handelnden das Verhalten als Übertretung des Befehls zugerechnet werden kann.

In seiner berühmt gewordenen Abhandlung „Zur Lehre von den Grundeinteilungen des Unrechts und seiner Rechtsfolgen" aus dem Jahre 1867 bestimmte Merkel das Unrecht dahin: „Als eine Verneinung des Rechts nun schließt das Unrecht a) eine Verletzung des im Rechte sich objektivierenden Gemeinwillens, respektive des in jenem seinen Ausdruck findenden Gemeininteresses; b) das Merkmal der Zurechenbarkeit in sich ein[16]."

Indem Merkel die Zurechenbarkeit zum Kernstück seiner Unrechtslehre macht — noch undifferenziert den Willen des zurechnungsfähigen Menschen zum Bezugspunkt der Bewertung menschlicher Tätigkeit macht — ist zum erstenmal die Relevanz des geistigen Moments menschlichen Verhaltens für das Unrecht hervorgehoben worden. Eine Verletzung der von der Rechtsordnung bezeichneten Grundsätze und Verhaltensmaximen „kann offenbar nur von denjenigen ausgehen, die auch nach Grundsätzen handeln können und nur in einer Wirksamkeit, in welcher nach dem Maße menschlicher Kräfte dieselben zur Geltung

---

[14] *Thon*, Rechtsnorm und subjektives Recht, S. 92 ff., 292 ff.; *Bierling*, Prinzipienlehre, Bd. III, S. 172 ff.; *Nagler*, Der gegenwärtige Stand, S. 335 ff.; *Fischer*, Die Rechtswidrigkeit, S. 25 ff.

[15] Vgl. dazu die grundlegende Darstellung und Kritik bei Armin *Kaufmann*, Normentheorie, S. 121 ff.

[16] *Merkel*, Kriminalistische Abhandlungen, S. 42.

kommen konnten. So entspricht der Verletzung des Rechts eine Verletzung der Pflicht bei dem Verletzenden"[17].

Merkel betont, daß Pflichten nur nach dem Umfang der Fähigkeit des je zur Rede gestellten Menschen zu bemessen sein könnten. Es gebe keine Pflicht, das für den Menschen Unmögliche zu bewirken, das Unvermeidliche vorherzusehen und zu vermeiden. Folglich könne in solchem Nichtvorhersehen und Nichtvermeiden keine Verletzung von Pflichten und somit keine Rechtsverletzung liegen. Der zur Vermeidung unerwünschter Folgen unfähige Mensch — etwa der Wahnsinnige — ist nach Merkel mit Bezug auf die Bedeutung und die Herrschaft der Rechtsgrundsätze lediglich wie ein Naturereignis zu bewerten. Er ist „Durchgangspunkt" in einem Kausalzusammenhang.

„Das betreffende Individuum erscheint hier als Urheber des Ereignisses nicht als denkendes und wollendes, sich verantwortlich wissendes Wesen; eben nicht als Mensch, sondern lediglich als Repräsentant einer Summe natürlicher Kräfte[18]."

II. Die mangelnde Differenzierung in der Merkelschen Position

Merkel entkam der zirkulären Diskussion des Adressatenproblems — im Pflichtbegriff sachlich den zentralen Punkt durchaus ansprechend — deshalb nicht, weil es ihm noch nicht gelang, die subjektive Beziehung der Person zur Tat zu differenzieren, nach der Handlungsfähigkeit und wertorientierter Motivationsfähigkeit einerseits und gleichzeitig den Normbegriff als „Denkform der Gebundenheit von Menschen" sowie die Konkretisierung zur Einzelpflicht andererseits abzuschichten. Es ist schließlich erst das Ergebnis langjähriger normtheoretischer Bemühung, diese Differenzierung erarbeitet zu haben. Als Denkform ist die Norm abstrakt und richtet sich an jeden, der irgendwann und irgendwo als Handelnder oder Teilnehmer des Aktes in Frage kommt, den sie verbietet oder gebietet. „Insofern ist jedermann Adressat jeder Norm[19]." Merkel selbst sieht diesen Zusammenhang, „denn jedem liegt es ob, Befehle des Rechts zu befolgen, und jeder hat Teil an der Freiheit, welche das Recht gewährleistet. Daher existiert *niemand*, zu dem das Recht seiner *Intention* nach nicht spräche"[20].

Merkel, der bei seiner Konzeption die realpsychologische Motivierbarkeit durch rechtliche Regelungen — entsprechend seinem Grundkonzept — hervorhob, ließ außer acht, daß im Verhältnis zum Sein des

---

[17] *Merkel*, Kriminalistische Abhandlungen, S. 44.
[18] *Merkel*, Kriminalistische Abhandlungen, S. 46.
[19] Vgl. Armin *Kaufmann*, Normentheorie, S. 125 und S. 74 ff. und zustimmend *Engisch*, Gerechtigkeit, S. 31.
[20] *Merkel*, Elemente, in: Ges. Abh., S. 587, Hervorhebung vom Verf.

Soziallebens jede Norm zunächst in gleicher Weise „abstrakt" ist[21]. Richtig ist sein Ansatz indessen, wenn er von der Funktion der Norm her denkt. Die Norm hat die Aufgabe zu verhindern, daß bestimmte menschliche Verhaltensweisen eintreten. Adressat der Beeinflussung in der konkreten Entschlußfassung ist aber jeder, der die physischen und psychischen Voraussetzungen mitbringt, die die Vermeidung des verbotenen Aktes ermöglichen. „Die Norm konkretisiert sich auf die Handlungsfähigen[22]." Elemente dieser Handlungsfähigkeit — im modernen Verstande — sind bei Merkel durchaus schon angesprochen; doch für die Abschichtung von Handlungssteuerung und Antriebssteuerung fehlten noch die anthropologischen Erkenntnisse und normlogischen Einsichten, wie sie etwa Welzel und Armin Kaufmann in der personalen Unrechts- und Schuldlehre für die moderne Dogmatik entwickelt haben.

Sachlich hat also Merkel das Adressatenproblem in der Frage der konkreten Verpflichtung durch Normen zutreffend angesprochen. Daß die Frage der Motivierbarkeit durch den Wert, die Frage der Einsichtsfähigkeit in das Unrecht des Tuns und die Fähigkeit, sich danach zu motivieren, die zwar Elemente der Gesamtzurechnung einer Tat zu einer Person sind, sich gerade erst auf das Unrecht eines Handlungsfähigen bezieht und somit dieses Unrecht notwendig voraussetzt, konnte von Merkel nicht gesehen werden, da er noch undifferenziert die gesamte *subjektive* Seite des Verhaltens im Zurechnungskriterium zum Unrecht zog[23]. Merkel kannte schuldloses Unrecht nicht und folglich auch keine Verpflichtung des zwar Handlungsfähigen aber Schuldunfähigen im Verstande der modernen Dogmatik.

---

[21] Vgl. Armin *Kaufmann*, Normentheorie, S. 139.
[22] Armin *Kaufmann*, Normentheorie, S. 140/141; dazu auch *Zielinski*, S. 138 ff. und 196 f.
[23] Vgl. zum dogmengeschichtlichen Standort des Merkelschen Ansatzes eingehender, *Zielinski*, S. 18 f. und S. 25.

Fünftes Kapitel

Das Strafrecht

A. Darstellung der Merkelschen Position

I. Die allgemeine Funktion des Strafrechts als Mittel zu bestimmtem Zweck

Merkel hat das Recht als in bestimmten Grenzen variables Mittel zum Zwecke der Befriedigung gesamtgesellschaftlicher Interessen aufgewiesen, hat seine sozialen Funktionen wie seine typischen Äußerungsformen systematisch entwickelt.

Die allgemeine Bestimmung des Rechts hat Merkel besonders auf das Strafrecht hin konkretisiert. Auch das Strafrecht ist Mittel zum Zweck. Es vervollständigt das System der Ge- und Verbote des Rechts[1]. Die Strafdrohungen hätten eine ergänzende Bedeutung insofern, als sie einerseits auf mancherlei Rechtsverletzung Bezug nähmen, mit welchen sich sonst keine Rechtsfolgen verbinden würden — Merkel zählt zu seiner Zeit die Beleidigung dazu — andererseits sich auf Rechtsverletzungen bezögen, die zwar noch anderweitige Rechtsfolgen nach sich ziehen würden (Diebstahl z. B.) jedoch den Zweck, ausreichende Gegenwirkung gegen die den geschützten Interessen feindlichen Elemente zu sein, allein nicht zu erfüllen vermöchten.

II. Die einzelnen Gegenstände der Strafrechtswissenschaft

1. *Die strafbare Handlung*

Untersuchungsgegenstand sind im Bereich des Strafrechts die strafbare Handlung und deren Folge die Strafe selbst. Das strafbare Verhalten stellt sich erstens dar als *Interessenverletzung*.

Es ist „antisoziales Verhalten", welches den im Recht zum Ausdruck kommenden Interessen widerspricht, die nirgends Interessen bloß eines einzelnen Individuums, sondern stets Interessen einer Vielheit und Interessen sind, welche sich als gemeinsame geltend zu machen die Kraft haben[2]. Der Schutz der Privatinteressen ist nirgends die aus-

---

[1] *Merkel*, Lehrbuch, S. 2.
[2] *Merkel*, Lehrbuch, S. 10 f.

schlaggebende Funktion des Rechts, sondern nur insofern werden Leben, Freiheit, Eigentum usw. geschützt, als ihr Rechtsschutz und die Grundsätze, deren Anwendung dabei in Frage kommen, einen Zusammenhang zwischen den Privatinteressen und den allgemeinen Interessen an der Ordnung und Sicherheit des Verkehrs und dem Bestand des öffentlichen Friedens erkennen lassen.

Da die Interessen, die geschützt werden, mannigfaltigster Art sind und dem Wandel der Zeit unterliegen — entsprechend den im Fluß der Entwicklung befindlichen Ansichten des Volkes —, können wir für bestimmte Gebiete ein Absterben des Strafrechts, in anderen ein Wachstum feststellen. Auch in diesem Bereich gibt es jedoch keine objektiven Wahrheiten, was schützenswertes Interesse ist und was nicht. Die Erkenntnisse darüber sind nichts mehr als die einer bestimmten Zeit entsprechende Erfahrung der Wirklichkeit[3].

Die strafbare Handlung charakterisiert sich zweitens als *Rechtsverletzung*.

Verletzungen gesellschaftlicher Interessen sind Verbrechen nur insofern, als sie den in der Gemeinschaft als gültig und verpflichtend erachteten Normen widersprechen und insofern einem mißbilligenden öffentlichen Urteil gegenüberstehen. Wo die rechtliche Ordnung durch ihre Positivierung zu selbständigem Dasein neben den sonst in der Gesellschaft wirkenden Mächten wie Religion, Moral und Sitte gelangt ist, muß die Handlung gegen diese Ordnung verstoßen. Dabei trifft die rechtsverletzende Handlung mit den vom Recht geschützten Interesse zugleich die Macht, welche sie unter ihren Schutz nimmt[4].

Die strafbare Handlung ist drittens außerdem *Pflichtverletzung*.

Indem das Recht bestimmte Güter oder Interessen unter seinen Schutz stellt, bringt es Rechtsverhältnisse hervor, als deren Elemente eine Verpflichtung, Verletzungen dieser Güter oder Interessen zu unterlassen, und eine dieser Verpflichtung korrespondierende Macht auf der Gegenseite (subjektive Rechte) aufzuweisen sind. Indem nun das Verbrechen Pflichten verletzt, welche das Recht begründet oder sanktioniert hat, tritt es in Widerspruch mit den sittlichen Faktoren, welche bei einem Volke die Herrschaft seines Rechtes stützen und die Erfüllung seiner Pflichten erfordern[5].

Diese eigenartige Verknüpfung von Sitte und Recht im Verbrechensbegriff weist auf den Realwissenschaftler hin, als den Merkel sich sieht.

---

[3] Vgl. *Merkel*, Über Akkreszens und Dekreszens, in: Ges. Abh., S. 269 f.
[4] Vgl. *Merkel*, Lehrbuch, S. 12.
[5] *Merkel*, Lehrbuch, S. 14, vgl. zur Merkelschen Zergliederung der strafbaren Handlung auch die Wiedergabe bei *Adams* insbesondere S. 23 ff.

Die tatsächlichen moralischen Verhaltenserwartungen gehen in den Pflichtbegriff ein. In Merkels Position liegt insbesondere eine Ablehnung der Bindingschen Normentheorie, die das Verbrechen im wesentlichen lediglich als Unbotmäßigkeit bezogen auf das staatliche Gehorsamsrecht bestimmt[6]. Verboten seien bestimmte Handlungen zwar wegen ihrer Unzuträglichkeit mit bestimmten Gütern, aber das für das Verbot Entscheidende solle für ihre Bestrafung als irrelevant betrachtet werden. Die Normentheorie verkenne, so betont Merkel, den gemeinsamen Ursprung von Verbot und Bestrafung, nämlich die Beurteilung und Wertschätzung, welche das geschützte Interesse und seine Verletzung im Volke erfahren. Nur so sei auch die unterschiedliche Behandlung zu erklären, welche die verschiedenen Verbrechensarten erführen. Denn diese Behandlung entspreche den Werturteilen, welche bezüglich der verschiedenen Delikte Geltung hätten[7].

Wenn das Wesen der Strafe nur in jener Unbotmäßigkeit begründet wäre, wie käme man dann zu einer Erklärung der geschichtlichen Veränderungen in der Beurteilung und Abschätzung der Delikte, fragt Merkel. Auch die Strafzumessungsproblematik könne von der Normentheorie nicht erklärt werden, weil sie eben nicht Bezug nehme darauf, daß die Tat in allen ihren sozial bedeutsamen Eigenschaften im Einklang mit der Gesamtheit der Werturteile, welche im Recht eine Anerkennung gefunden hätten, den Gegenstand der richterlichen Würdigung zu bilden hätte.

Klar grenzt Merkel sich auch von der sogenannten ethischen oder absoluten Theorie ab. Wenn auch bei seiner Theorie die verbrecherische Handlung im Begriff der Pflicht eine ethische Bedeutung gewinnt, so handelt es sich hier nur um ein Merkmal neben anderen.

Bei den Vertretern der absoluten Theorie erfährt die verbrecherische Handlung ihr Unwerturteil durch den Verstoß gegen die sittliche Ordnung als solche, während sie nach Merkel ihre Beurteilung durch die ethischen Anschauungen eines Volkes erfährt[8].

Merkel hat damit in Abgrenzung zu anderen Vorstellungen das Verbrechen in seinen allgemeinen Umrissen charkterisiert als Interessen-, Rechts- und Pflichtverletzung.

---

[6] Vgl. *Binding*, Normen, Bd. I, S. 96; zu der Kritik, Binding sei lediglich ein formalisierender Gesetzespositivist gewesen, vgl. die umfassende Widerlegung durch Armin *Kaufmann*, Normentheorie, S. 273 ff.
[7] *Merkel*, Lehrbuch, S. 16.
[8] *Merkel*, Lehrbuch, S. 22.

2. Die Zurechnung schuldhaften Verhaltens

a) Äußere Tatseite

Näher befaßt er sich sodann mit der Handlung selbst. Zunächst zeigt jedes Verhalten, Tun oder Nichttun, ein physische — nach heutiger Terminologie — objektive Seite.

Vorgänge lediglich in der Innenwelt, böse Vorsätze sind keine Verbrechen, weil sie keine Verletzung derjenigen Interessen enthalten, als deren Schutzwehr sich das Strafrecht darstellt.

„Nicht das, was unsere Taten für unsere subjektive Welt, sondern was sie für die Interessen anderer bedeuten, ist für die Funktionen des Rechts maßgebend[9]." Erforderlich ist also immer ein bestimmtes Verhalten während einer gegebenen Zeit und bei den meisten Delikten ein bestimmtes durch diese hervorgerufene Wirkung außerhalb des Schuldigen.

b) Innere Tatseite

Außerdem ist die Handlung gekennzeichnet durch eine psychologische Seite. Die Handlung kommt für die Strafrechtspflege nur insoweit in Betracht, als es in die Macht des Willens des Täters gegeben war, die Vorgänge nicht eintreten zu lassen[10]. Mechanisches Verhalten, etwa unter Zwang, oder das Verhalten eines Kindes, sei es auch sonst bedeutsam für die Interessen der Gesellschaft, kann nie Grund für das Strafrecht sein einzuschreiten; denn es hat nur mit der Betätigung der geistigen Kräfte einer Person zu tun, die durch Pflichtansprüche motivierbar ist.

Das Verbrechen gehört seinem Wesen nach dem psychologischen Gebiete an. Nur diejenigen Übel nämlich, welche aus einem pflichtwidrigen Willensverhalten hervorgehen, lassen sich mittels Strafe bekämpfen. Es ist eine Betätigung der geistigen Kräfte einer Person, durch welche die im Bereiche der Vorstellungen und Gefühle liegenden Bedingungen eines geordneten und gedeihlichen Gemeinlebens an irgendeinem Punkte in Frage gestellt werden. Wenn von einer Interessenverletzung durch die verbrecherische Tat gesprochen wird, so liegt der Nachdruck auf den von der pflichtwidrigen Handlung ausgehenden psychischen Wirkungen, nicht auf der Schädigung des materiellen Gutes der Gesellschaft.

c) Kausalität

Diese Betrachtungsweise setzt sich auch bei der Lehre vom Kausalzusammenhang durch. Unser Interesse sei, wenn wir nach der Ursache eines Ereignisses fragten, gar nicht darauf gerichtet, Auskunft über die

---
[9] *Merkel*, Lehrbuch, S. 17.   [10] *Merkel*, Lehrbuch, S. 23.

ganze Fülle der das Ereignis auslösenden Ursachen zu erhalten. Ein solcher Versuch hieße, die Kausalkette bis ins Unendliche verlängern. Auch für die Kausalitätsbetrachtung ist die entscheidende Frage, ob eine den sozialen Interessen und Normen widerstreitende Wirksamkeit auf den Willen des Menschen zurückzuführen sei und in der Betätigung seiner Individualität ihr adäquate Ursache habe. Nicht auf die mechanische Wirksamkeit reagiert die Strafjustiz, sondern gegen eine psychische[11]. Merkel betont auch hier die hervorragende psychologische Qualität des Verhaltens, die auf die Kausalitätsfrage durchschlägt. Die Eigenschaften, in welchen die für das Strafrecht entscheidende Bedeutung begründet ist, haben ihre Quelle in den beteiligten geistigen Kräften des Verbrechens. Daran hingegen, daß eine Tat von solcher Bedeutung an dem gegebenen Ort zur gegebenen Zeit geschehen konnte, haben ungezählte Personen, z. B. der Verletzte selbst, seine Eltern usw., einen kausalen Anteil. Mit den strafrechtlich bedeutsamen Eigenschaften der Tat aber steht deren Wirksamkeit in keinem Zusammenhang, d. h. zur Erklärung dieser Eigenschaften vermögen sie nichts beizutragen. „Sie haben zu dem Das des Ereignisses, dem hic et nunc des Ereignisses nicht zu dem uns interessierenden Was, seiner Qualität als Rechtsstörung ihren Beitrag geleistet[12]." Wir erfassen praktisch also nur die *bedeutsamen Faktoren*. Merkel schneidet einen Bereich der Kausalität heraus, der aufs Engste mit der Schuld im Rahmen seiner eigentlichen Zurechnungslehre verknüpft ist.

Wenn wir jemandem eine Tat zurechnen, so bringt dieser Akt nämlich zweierlei zum Ausdruck[13]: *Erstens ein kausales Urteil.*

Das, was äußerlich gegen das Recht geschehen ist, wird in seiner für das Recht relevanten Eigenschaft auf eine bestimmte Persönlichkeit als deren Werk zurückgeführt.

Da alle Vorschriften des Rechts sich an den Willen richten und demgemäß von diesem allein erfüllt wie auch verletzt werden können, ist ein solcher Vorgang nur demjenigen zuzurechnen, mit dessen Willen er verbunden erscheint.

Zweitens ein distributives Urteil dahingehend, daß die Bedeutung des Vorganges, sein positiver oder negativer Wert dem Täter aufgrund jenes kausalen Verhältnisses auf Rechnung zu setzen sei und zu künftiger Beachtung mit ihm als Verdienst oder Schuld verknüpft werde. Die sozialen Unkosten des Geschehens werden den Wertanschauungen gemäß, die im Rechte zum Ausdruck gelangt sind, der betreffenden Person angerechnet. Die Zurechnung von Taten, die uns als verwerflich und als pflichtwidrig erscheinen, enthält ein Schuldurteil. Wegen ihrer bewuß-

---
[11] Vgl. *Merkel*, Lehrbuch, S. 97 ff. (98, 109).
[12] *Merkel*, Lehrbuch, S. 108.
[13] *Merkel*, Lehrbuch, S. 66 f.

ten Ursächlichkeit kann eine Person für das, was sie bewirkt, verantwortlich gemacht werden. Schuld „ist das pflichtwidrige Wirken oder Nichtwirken einer Person, daß ihr als solches den geltenden Werturteilen gemäß in Anrechnung gebracht wird. Schuld ist danach nicht etwas neben dem kausalen Verhalten der Schuldigen hergehendes, sondern das an den geltenden Werturteilen gemessene und demnach in Anrechnung gebrachte kausale Verhalten selbst"[14].

„Die inneren Vorgänge, welche der Tat des Verbrechens zugrunde liegen, bedeuten für das Strafrecht nur etwas, insofern der Charakter und die Tragweite einer in die gesellschaftliche Sphäre eingreifenden Wirksamkeit von ihnen beeinflußt wird, und umgekehrt bedeuten die äußeren Ereignisse für uns nur etwas, insofern wir es in ihnen mit der Wirksamkeit bestimmt gearteter psychischer Faktoren zu tun haben[15]."

d) Schuldkonzept jenseits des Schulenstreits

Die Schuld ist das tragende Elemente eines Strafrechts. Wo keine Schuld vorliegt, kann auch keine Strafe in der vom Strafrecht intendierten Art und Weise erfolgen. Da Merkel die Bedeutsamkeit der Kategorie der Schuld derart betont, mußte er sich auch intensiv mit den um seine Zeit rivalisierenden Theorien der „klassischen" und „modernen" Schule auseinandersetzen[16]. Dabei gelangte er zu einer eigentümlichen Vermittlung des Streites und zu einem Neuansatz bei der Erklärung des Schuldphänomens.

Gegenüber den Klassikern vertritt er die deterministische Denkhaltung bei der Erklärung allen psychischen Seins. Während er gegenüber den Vertretern der „modernen" Richtung an den Begriffen von Schuld und Verantwortlichkeit festhält. Merkel versucht darzulegen, daß von Zurechnung und Schuld nur unter den Voraussetzungen eines deterministischen Ansatzes sinnvoll gesprochen werden kann.

Die indeterministische Lehre von der Wahlfreiheit leugne einen erkennbaren Zusammenhang zwischen dem Willen einer Persönlichkeit und ihren Handlungen und sie stempele so die Handlung zu einem Ereignis, mit dem unser Verstand nichts anfangen könne.

Die Annahme menschlicher Wahlfreiheit als etwas Zufälligem, bezogen auf den Charakter des Handelnden, zerstöre jede Möglichkeit sinnvoller Zurechenbarkeit. „Handlungen und Charakter stehen in einem eigenen Verhältnis, in dem diese in jenem sich aussprechen, so

---
[14] *Merkel*, Lehrbuch, S. 70 f.
[15] *Merkel*, Verbrechen und Strafe, S. 88.
[16] Zur dogmengeschichtlichen Aufarbeitung des Schulenstreits vgl. die umfassende Darstellung von *Holzhauer*, Willensfreiheit und Strafe, insbesondere S. 89 ff. sowie *Achenbach*, Historische und dogmatische Grundlagen, S. 19 ff.

A. II. Die einzelnen Gegenstände der Strafrechtswissenschaft 95

daß der Handelnde sich gleichsam in der Tat wiederzuerkennen, dieselbe als Geist von seinem Geist für sich in Anspruch zu nehmen vermag und daß umgekehrt die Handlungen auf die Charaktere zurückweisen, in diesen ihre kausale Erklärung finden[17]."

Die Freiheit des Willens ist nach Merkels deterministischem Ansatz nichts anderes als die Macht einer Individualität, ihrer Eigentümlichkeit gemäß wirksam zu werden, ist Wirksamkeit nach eigenem Maß. Von einer freien Willensbetätigung ist um so eher zu reden, je vollständiger, das was geschehen ist, in dem Charakter des Handelnden seine Erklärung findet. Je größer die geistige Selbständigkeit und Freiheit einer Persönlichkeit ist, um so vollständiger können strafrechtlich relevante Vorgänge im Konfliktfall auf ihre Rechnung gesetzt werden.

„Wer seiner Eigentümlichkeit gemäß und im Einklang mit sich seine Kräfte betätigt, der fühlt sich frei und die Reinheit und Stärke dieses Gefühls ist von nichts anderem abhängig als erstlich von der relativen Volkommenheit jenes Einklangs und zweitens von der Macht seines Wirkens.

Jener Einklang aber und diese Macht sind durchaus verträglich mit der Voraussetzung einer Gesetzmäßigkeit und selbst einer Berechenbarkeit dieses Wirkens. Je vollständiger eine Handlung unter gegebenen Umständen der Persönlichkeit, nach der Gesamtheit ihrer Neigungen gemäß ist, mit um so größerer Sicherheit ist sie von denjenigen, welche die Persönlichkeit und die gegebenen Umstände kennen, vorauszuberechnen[18]."

Merkel kommt es sehr darauf an, den Gesetzesbegriff exakt zu bestimmen. Gesetze seien nichts Reales. „Es sind zusammenfassende Ausdrücke für ein tatsächliches Geschehen, für die konstante Art nämlich, in welcher Eigenschaften gegebener Objekte sich unterbestimmten Bedingungen äußern." „Wir haben es mit diesen Gesetzen lediglich mit einer Form des Identitätsurteils zu tun, und seine ‚Herrschaft' bedeutet nichts als daß dies eine Grundform *intellektueller Tätigkeit* ist[19]."

Mit diesem Konzept wendet sich Merkel gleichzeitig auch gegen die Vertreter der „modernen" Schule[20]. Sie seien nämlich unter dem Banne

---

[17] Vgl. *Merkel*, Lehrbuch, S. 72 ff. (73) und Vergeltungsidee und Zweckgedanke, in: Ges. Abh., S. 717 ff.; Rechtliche Verantwortlichkeit, in: Ges. Abh., S. 897 f.
[18] Vgl. *Merkel*, Über „das gemeine deutsche Strafrecht" von Hälschner, in: Ges. Abh., S. 436 ff. (448) und die Zusammenstellung der einschlägigen Stellen durch Liepmann, in: *Merkel*, Verbrechen und Strafe, S. 89 ff.; dazu auch *Adams*, S. 38 ff. (42).
[19] *Merkel*, Rechtliche Verantwortlichkeit, in: Ges. Abh., S. 887; vgl. auch *Merkel*, Verbrechen und Strafe, S. 97, Hervorhebung vom Verf.
[20] Vgl. zu deren dogmengeschichtlichem Standort Holzhauer, Willensfreiheit

der überlieferten indeterministischen Schuldlehre geblieben, wenn sie folgerten, Schuld setzte Ursachenlosigkeit des menschlichen Handelns voraus, da nun diese nicht bestehe, so gebe es keine Schuld.

Merkel stellt Schuld und Zurechnung auf ein neues psychologisches Fundament, das sich aus zwei Quellen speist. Einerseits das *Bewußtsein eigener Kausalität* und andererseits die *Werturteile* in bezug auf unsere Handlungen, welche die Gesellschaft ausprägt, um somit die Empfindungen des einzelnen zu korrigieren[21]. Merkel hat es sehr bedauert, daß in die von ihm eröffneten psychologischen Untersuchungen keiner der Gegner eingetreten ist.

3. Die Strafe als zweckbestimmte Vergeltung

a) Die Zweckbestimmtheit der Strafe

Der realwissenschaftliche, psychologische Erkenntnisse verarbeitende Ansatz über die Struktur des Verbrechens wird in der Lehre von der Strafe in unmittelbarer Anknüpfung an das vorher Gesagte weitergeführt. Auch hier nimmt Merkel gegenüber den verschiedenen Deutungen der Strafe als Vergeltung sowie als reine Zweckstrafe eine vermittelnde Stellung ein. Vergeltung und Zweckstrafe schließen sich nicht aus.

Insoweit nämlich die Strafe den Charakter einer Gegenwirkung gegen das Verbrechen habe, welche die durch letzteres hervorgebrachten Mißverhältnisse auszugleichen bestimmt sei, subsumiere sie sich dem Begriff der Vergeltung. Denn Vergeltung sei eine Gegenwirkung gegen Übeltaten und Wohltaten, welche, gegen den Urheber dieser Taten gerichtet, die Ausgleichung eines durch sie zwischen den aktiv und passiv bei ihnen beteiligten Personen bezwecke. „Innerhalb der Konkurrenz, in welche sich menschliche Willen und Interessen überall gestellt sehen, ist die Behauptung gleicher Geltungssphären von Machtäußerungen abhängig und zu diesen Machtäußerungen gehört die Vergeltung[22]."

„Sie ist im allgemeinen — von Wehrlosmachung und Vernichtung der feindlichen Elemente abgesehen — gleich jeder Machtbetätigung im Bereich konkurrierender Willen geeignet, sowohl Motive der Furcht, sowie solche der Achtung zugunsten des angegebenen Zweckes zu erzeugen[23]." Außerdem wird das Selbst- und Wertgefühl des Handelnden und sein Ansehen bei den Rechtsgenossen bekräftigt.

---

und Strafe, S. 178 ff., sowie *Achenbach*, Historische und dogmatische Grundlagen, S. 37 ff. und *Engisch*, Die Lehre von der Willensfreiheit, S. 8 f.

[21] *Merkel*, Vergeltungsidee und Zweckgedanke, in: Ges. Abh., S. 717.
[22] Vgl. *Merkel*, Vergeltungsidee und Zweckgedanke, in: Ges. Abh., S. 691.
[23] *Merkel*, Vergeltungsidee und Zweckgedanke, in: Ges. Abh., S. 691/692.

Die Vergeltung ist Gegenstand einer ethischen Sanktion als Mittel zu gebilligten Zwecken. Die Vergeltung fordernde Übeltat richtet sich gegen einen übergeordneten herrschenden Willen und auch gegen die für den Übeltäter als verbindlich betrachtete Ordnung. „Charakteristisch für die staatliche Vergeltung ist also, daß sie ihren *Grund* in dem Interesse des Vergeltenden an der Aufrechterhaltung seiner Herrschaft der von ihm begründeten Ordnung und des Wohles seiner Schutzbefohlenen hat und ihr *Maß* in der Bedeutung der Übeltaten für diese Aufrechterhaltung, wie sie in den herrschenden Anschauungen sich spiegelt[24]."

b) Die Gerechtigkeit der Strafe

Die Vergeltungsstrafe wird demnach als Zweckstrafe bestimmt. Die in der Strafe liegende Vergeltung erfülle ihren Zweck aber nur, wenn sie gerecht sei[25].

Dabei wird Gerechtigkeit definiert als die Wahrheit der in unseren Handlungen zu praktischem Ausdruck gelangenden Urteile. Erstens kommt es auf die faktische Wahrheit, zweitens auf die juristische Wahrheit des Urteils — die richtige Subsumtion — und drittens auf die ethische Wahrheit des Gesetzes, das die Strafe androht, d. h. auf die Übereinstimmung desselben mit den herrschenden ethischen Anschauungen und Werturteilen an.

Um es noch einmal zu verdeutlichen: Merkel betont entgegen den absoluten Gerechtigkeitstheorien wie den relativen Theorien die Eigenbedeutung des Gerechtigkeitsaspektes; denn damit ist nicht ein Zweck der Strafe, wohl aber die Eigenschaft bezeichnet, von welcher es abhängt, daß sie ihren Zweck erfüllen kann. „Wie immer die Entstehung der selbständigen Vorstellungen über gerechtes und ungerechtes Verhalten neben denjenigen über zweckmäßiges und unzweckmäßiges zu denken sein möge, diese Vorstellungen sind vorhanden und machen sich geltend und sie wollen von der Wissenschaft bestimmt, erklärt und gewürdigt, nicht beiseite geschoben sein[26]." Der Staat kann seine Aufgaben überall nur in Einklang mit den sittlichen Volkskräften und gestützt auf diese wirklich lösen.

In keinem Gebiet des staatlichen Handelns aber ist dieses Verhältnis zu den ethischen Anschauungen der Bevölkerung so greifbar wie auf dem der Rechtspflege und speziell der Strafrechtspflege; und zwar ist es in diesem vornehmlich das Gerechtigkeitsgefühl, das fortwährend

---

[24] *Merkel*, Lehrbuch, S. 188, sowie Vergeltungsidee und Zweckgedanke, in: Ges. Abh., S. 693 und die Zusammenstellung durch Liepmann, in: *Merkel*, Verbrechen und Strafe, S. 209 ff. (211, 212).
[25] *Merkel*, Lehrbuch, S. 190.
[26] *Merkel*, Lehrbuch, S. 193; Hervorhebung vom Verf.

eine unwillkürliche Kontrolle ausübt und bei der zu treffenden legislativen und richterlichen Entscheidung Beachtung fordert.

B. Würdigung

I. Das Problem des „schuldlosen" Unrechts

1. Der Weg der Subjektivierung des Unrechts

Seit Merkels Untersuchungen zum Gegenstand des zivilen und kriminellen Unrechts, gipfelnd in seiner strafrechtlichen Zurechnungslehre, ist der Streit um „den Subjektivismus in der Bestimmung von Recht und Unrecht"[27] bis heute nicht zur Ruhe gekommen. Nach Merkel „ist es zweifellos die Intention des Rechts, diejenigen, deren Pflichten es normiert, direkt zur Erfüllung derselben zu bestimmen. Folglich ist es eine ihm wesentliche Form, sich an diese Personen zu wenden"[28]. Wenn aber Ge- und Verbote sich an den zurechnungsfähigen Menschen wenden, so folgert Merkel, dann kann eine Verletzung des Rechts und damit die Verwirklichung von Unrecht nur durch den zurechnungsfähigen Menschen erfolgen. Nur wo der Mensch als denkendes und wollendes, sich verantwortlich wissendes Wesen agiert, ist er imstande, die geistige Macht des Rechts zu verletzen und damit Unrecht zu tun. Nach Merkel gibt es nur schuldhaftes Unrecht. Mit dieser These ist Merkel einer der ersten Vertreter eines „personalen" Unrechtskonzeptes.

Heute kann festgestellt werden, daß sich die Theorie über das personale Unrecht durchgesetzt hat[29]. In den Mittelpunkt rückt nunmehr wieder ein anderes Problem innerhalb der Subjektivierung des Unrechts, nachdem dogmengeschichtlich betrachtet der Merkelsche Ansatz zunächst ganz verschüttet war. Es geht erneut um die Frage, ob es *schuldloses* Unrecht gibt. Dieses Problem wird heute wieder diskutiert[30], ohne daß der Zusammenhang zur Merkelschen Urfassung einer „personalen" Handlungslehre, die Schuld und Unrecht identifiziert, genügend gewürdigt wird. Freilich, die Fronten haben sich auch verschoben.

Obwohl mit Kohlrausch und Hold von Ferneck namhafte Gelehrte in der unmittelbaren sachlichen Nachfolge Merkels festgehalten haben: „Nur wer mit dem Bewußtsein der Pflichtwidrigkeit handelt, kann

---

[27] *Mezger*, in: GS 88 (1924), S. 207 ff. (242).
[28] *Merkel*, Elemente, in: Ges. Abh., S. 587.
[29] Vgl. nur *Rudolphi*, SK Rdn. 18, 22 ff. vor § 1 und die Zusammenfassung von Armin *Kaufmann*, Zum Stande der Lehre vom personalen Unrecht, S. 393 ff.
[30] Vgl. dazu *Lampe*, Personales Unrecht; *Michaelowa*, Der Begriff der strafrechtswidrigen Handlung; *Otto*, ZStW, Bd. 87 (1975), S. 539 ff.

überhaupt Unrecht tun[31]" und: „Der Begriff der Rechtswidrigkeit und Pflichtwidrigkeit lassen eine Zerfällung in eine objektive und subjektive Seite schlechterdings nicht zu"[32], hat Nagler dennoch unter Bezug auf die Begründer der inzwischen berühmt gewordenen Lehrmeinungen von Binding und von Liszt alsbald festgestellt: „Der Begriff der objektiven Rechtswidrigkeit gehört zu den gesicherten Beständen unserer Rechtserkenntnis[33]."

Auf der Basis der Lehre von der objektiven Struktur des Unrechts: „Unrecht ist formell betrachtet Widerspruch mit dem Recht als adressenloser Bewertungsnorm, materiell betrachtet Widerspruch mit dem vom Recht geschützten Interesse"[34], begann jedoch alsbald die Suche nach einzelnen subjektiven Unrechtselementen[35].

Erst Welzel gelang es dann, den objektiven Unrechtslehren ein geschlossenes Konzept des subjektiven, personalbestimmten Unrechts entgegenzusetzen. „Nicht die von der Täterpersönlichkeit inhaltlich abgelöste Erfolgsverursachung (Rechtsgutverletzung) erschöpft das Unrecht, sondern rechtswidrig ist die Handlung nur als Werk eines bestimmten Täters: Unrecht ist täterbezogenes personales Handlungsunrecht[36]." Seit Welzel steht daher fest, daß vom Recht nur zwecktätiges Handeln verlangt und untersagt werden kann. „Kausierungsverbote wären sinnlos"; und „die Finalstruktur der Handlung bildet also das Material, aus dem die Verbotsmaterie, die Tatbestandsumschreibung gleichsam herauszustanzen ist"[37].

Wenn das Unrecht demnach bestimmt ist als die Bewertung willensgetragenen Verhaltens, dann ist diese Wertungsstufe im Zusammenhang des gesamten Zurechnungsvorganges einer Tat zu einem Täter geradezu die notwendige Voraussetzung für das Schuldurteil, nämlich das Urteil, daß der rechtswidrige Handlungswille, „dem Täter, in dem Maße vorgeworfen wird, wie ihm die Rechtswidrigkeit zu Bewußtsein kommen und sinnbestimmendes Gegenmotiv werden konnte"[38]. Die Unrechtslehre Welzels wird also ergänzt durch die Schuldtheorie mit ihrem Kernstück der Lehre vom vermeidbaren und unvermeidbaren Verbots-

---

[31] *Kohlrausch*, Irrtum und Schuldbegriff, S. 24 ff. und S. 50.
[32] *Hold v. Ferneck*, Rechtswidrigkeit, Bd. I, S. 276 f.
[33] *Nagler*, Der heutige Stand der Lehre von der Rechtswidrigkeit, S. 69.
[34] *Mezger*, in: GS 89 (1924), S. 249.
[35] Vgl. zur dogmengeschichtlichen Entwicklung insgesamt die instruktive Darstellung bei *Lampe*, Das personale Unrecht, S. 15 bis 50 und die genaue dogmengeschichtliche Grundlegung der systematischen Schuldlehre durch *Achenbach*, Historische und dogmatische Grundlagen; zu Merkel, S. 44 ff.
[36] *Welzel*, Lehrbuch, S. 62.
[37] Vgl. Armin *Kaufmann*, Zum Stande der Lehre vom personalen Unrecht, S. 395, 396.
[38] *Welzel*, Lehrbuch, S. 164.

irrtum. Die personale Unrechtslehre Welzels und Armin Kaufmanns geht trotz der Subjektivierung weiter davon aus, daß es *schuldloses* Unrecht gibt. Die subjektive Beziehung des Täters zur Tat ist abschichtbar in die von der Handlungssteuerung umfaßten Momente und diejenigen, die die Antriebssteuerung betreffen[39]. Die Trennung von Vorsatz und Unrechtsbewußtsein ist dabei ein heute kaum noch bestreitbares Ergebnis der Handlungs- und Schuldlehre Welzelscher Prägung.

2. Die Trennung von Vorsatz und Unrechtsbewußtsein

Diese Trennung von Vorsatz und Unrechtsbewußtsein im Sinne der Schuldtheorie ist sachlich schon bei Merkel vorbereitet. Die Ergebnisse der Welzelschen Schuldlehre vorwegnehmend hat Merkel genau zwischen Vorsatz und Bewußtsein der Pflichtwidrigkeit (Unrechtsbewußtsein) unterschieden. „Der Begriff des Vorsatzes ist an sich in ethischer und rechtlicher Beziehung farblos. Das vorsätzliche Handeln schließt ein böses oder rechtswidriges Wollen so wenig ein wie ein löbliches. Speziell hat der Begriff des vorsätzlichen Handelns mit dem der bewußten Verletzung von Rechtsvorschriften nichts zu tun[40]." Vorsatz ist nichts anderes als die gewollte Verwirklichung der äußeren Tatbestandsmerkmale eines Deliktes. Wie die Vorsatztat ist auch die fahrlässige Begehungsweise nur eine *bestimmte Form*, ein Delikt zu begehen. „Die fahrlässige Begehung eines Deliktes ist eine zwar nicht gewollte aber aufgrund pflichtwidriger Unaufmerksamkeit oder Gleichgültigkeit erfolgende Begehung[41]." Interessanterweise vermeidet Merkel eine Subjektivierung des Fahrlässigkeitsbegriffes unter gleichzeitiger

---

[39] Grundlegend *Welzel*, Vom Bleibenden und vom Vergänglichen, S. 8 f. und S. 14; differenzierend und weiterführend *Zielinski*, S. 114 ff. (126, 127), der überzeugend darlegt, daß es kein sachliches Kriterium gibt, das präzise angibt, welche der im sozialen Raum vorfindlichen Wertbezüge in den Finalzusammenhang aufzunehmen sind. Aber wenn tatbestandsmäßig nur die Beschreibung des für die Mitteilung des gesollten Verhaltens notwendigen Handlungsbildes erfaßt wird, dann entspricht die Kenntnis des Objekts einer Regelung dem Ziel- und Zweckbewußtsein und, davon abhebbar, die Kenntnis des Werturteils über das Objekt dem Unrechtsbewußtsein. Die in einer *Rechts*ordnung je hypostasierte Motivierbarkeit durch Normen zu bestimmtem Verhalten setzt Beschreibung und Kenntnis des erwarteten Verhaltensmuster, an die die Wertung und das Wertbewußtsein erst anzuknüpfen vermögen, immer schon voraus. Ein eigenwilliges „teleologisches" Unrechts- und Schuldkonzept hat *Schmidhäuser* entwickelt, indem er „das Gegeneinander von herkömmlicher Lehre und finaler Handlungslehre in einer Synthese überwinden" will (Lehrbuch S. 109 f.). Er zergliedert den traditionellen Vorsatzbegriff dahin, daß „das voluntative Element des Willens und damit auch des Willensinhaltes (die Zielvorstellungen) das Unrecht mitbegründen" (S. 143), während das Unrechtsbewußtsein plus Tatbewußtsein in der „Vorsätzlichkeit" der Schuld zuzurechnen sind (S. 146 f. und 167 f.); kritisch dazu *Stratenwerth*, Strafrecht, Rdn. 245 und *Roxin*, in: ZStW, Bd. 83 (1971), S. 390 f.

[40] *Merkel*, Lehrbuch, S. 80.
[41] *Merkel*, Lehrbuch, S. 86.

systematischer Parallelisierung zur vorsätzlichen Begehungsweise. Der genaue Inhalt der Fahrlässigkeitstat wird dahin bestimmt, daß jeder in jeder Lebenslage auf die Bedingungen zu achten habe, unter welchen sein Verhalten erfahrungsgemäß mit den rechtlichen Interessen anderer verträglich sei. Bei der Frage, ob ein Verhalten als fahrlässig zu erachten sei, sei vor allem auf die Maßstäbe zurückzugreifen, die sich in zahlreichen das Herkommen und die Sitte in gebräuchlichen Vorschriften der verschiedenen Betriebe und Gewerbe betreffenden, also in objektiven Maßstäben äußerten. *Objektiv* bleibt immer zunächst „der Widerspruch mit einer die Anspannung unserer geistigen Kräfte betreffenden, verpflichtenden Anforderung gegeben und es bleibt nur die Frage, ob nicht etwa im einzelnen Falle die Unmöglichkeit vorlag, z. B. infolge einer krankhaften Geistesstörung, diesen Anforderungen zu entsprechen"[42].

Ein von der Differenzierung nach Begehungsarten und deren Strafwürdigkeit sachlich zu trennendes Zurechnungsproblem ist nach Merkel die Bestimmung der generellen Bedingungen strafrechtlicher Zurechnung. Von Zurechnung — dem Kernanliegen strafrichterlicher Funktion — bei der einem Täter ein Geschehen im Sinne des Rechts zur Last gelegt wird, kann nicht gesprochen werden, „wenn der Handelnde das Pflichtwidrige seines Verhaltens nicht zu erkennen vermochte". Oder positiv formuliert: „Die Abhängigkeit der Tat von einem pflichtwidrigen Willensverhalten besteht nur dann, wenn der Handelnde zu erkennen vermochte, a), daß sein Verhalten zur Verwirklichung der Tatbestandsmerkmale führen könne und b), daß sein Verhalten mit Rücksicht hierauf als ein pflichtwidriges erscheine. Denn das für uns nicht Erkennbare kann uns nicht zur Richtschnur dienen[43]."

3. Neuere Theoreme zur Identifizierung von Schuld und Unrecht

Es ist erstaunlich, wie klar Merkel, der als einer der ersten die verhaltensregulierende Funktion des Rechts in den Blick nahm, Einsichten der modernen Schuldtheorie durch die Betonung der potentiellen Pflichterkenntnis vorwegnahm. Frappierend ist auch, daß er die Möglichkeit der Pflichtkenntnis mit Rücksicht auf die Tatbestandsverwirklichungsvorstellung beurteilt. Sachlich ist damit jedenfalls die Grundthese der personalen Handlungslehre Welzels und Armin Kaufmanns vorweggenommen.

Ob aber nach dieser Einsicht noch sinnvoll die These, Unrecht und Schuld seien identische Gegenstandskategorien, aufrecht zu erhalten ist,

---
[42] *Merkel*, Lehrbuch, S. 87, 88.
[43] *Merkel*, Lehrbuch, S. 67.

muß bezweifelt werden, sofern nicht lediglich terminologische Unklarheiten beim Streit um das „personale Unrecht" eine Rolle spielen.

Neuestens hat Otto bei der Bestimmung des personalen Unrechts erklärt, eine sachliche Trennung von Schuld und Unrecht sei theoretisch unzulässig. „Jede sachliche Differenzierung würde das personale Verhältnis zwischen dem Ansinnenden und dem Normadressaten seiner personalen Realität berauben[44]." Eine Unrechtslehre könne sich nur dann auf das Attribut „personal" berufen, wenn von ihm die Person in der Fülle ihres Wesens erfaßt werde. „Sie kann sich nicht damit begnügen, Teilaspekte personalen Seins aufzunehmen und subjektive Elemente mit personalen zu identifizieren[45]."

Das Konzept dieser Unrechtslehre lebt von der Vorstellung, daß Freiheit nicht ohne Norm und Norm nicht ohne Freiheit denkbar sei; und wenn eine Rechtspflicht nur im Rahmen der Freiheit des Subjektes bestehe, sei die Zuwiderhandlung identisch mit der Schuld und „die objektive Rechtswidrigkeit ein paradoxer Unbegriff"[46]. Lampe, ein weiterer Gewährsmann für die von Otto eingenommene Position, geht von einer ähnlich harmonisierenden Einheitsbetrachtung von Recht und Person aus und hält der von Armin Kaufmann vertretenen differenzierenden Lösung, am schuldlosen Unrecht festzuhalten, folgende Frage entgegen: „Kann nicht *personal* im Unrecht stehen derjenige, der nicht den Imperativ einer über ihm stehenden geistigen Macht, wohl aber den in ihm selbst ertönenden Imperativ ‚du sollst rechtmäßig handeln!' unfolgsam ist[47]?"

Der Haupteinwand geht dahin zu bestreiten, daß es überhaupt einen Sinn habe, im Rahmen einer imperativen Rechtsauffassung zwischen Motivations- und Handlungsfähigkeit zu differenzieren.

Ähnlich wie bei Merkel oder Hold von Ferneck wird die Einheitslösung aus der traditionellen Fragestellung des Adressatenproblems entwickelt; ob nämlich Befehle sinnvollerweise an Unzurechnungsfähige zu richten sind, das scheint erneut die Kernfrage[48].

4. Die notwendige Beziehung von Unrecht und Schuld

Terminologisch jedenfalls läßt sich im Sinne Merkels ein Unrechtsbegriff etablieren, der im Unrecht als der Entgegensetzung zu der geistigen Macht des Rechts alle Elemente der Zurechnung in sich auf-

---

[44] *Otto*, in: ZStW, Bd. 87 (1975), S. 565/566.
[45] *Otto*, in: ZStW, Bd. 87 (1975), S. 561.
[46] *Michaelowa*, Der Begriff der strafrechtswidrigen Handlung, S. 51.
[47] *Lampe*, Das personale Unrecht, S. 111.
[48] Vgl. *Lampe*, Das personale Unrecht, S. 104.

nimmt. Nur, was ist damit gewonnen? Soll die Internalisierung von Werthaltungen beim Bürger wirklich über Normen des Inhalts möglich sein: Du sollst als Motivationsfähiger rechtmäßig handeln! Gewiß ist es die Funktion des Rechts, verhaltensstabilisierende Motive zu konditionieren; aber keinesfalls ist die Aufgabe dadurch lösbar, daß es in seinen Verhaltensanweisungen auf die Motivationsfähigkeit des einzelnen hinweist, sondern Unrechtstypen aus den unüberschaubaren menschlichen Handlungsalternativen herausschneidet und sie für jedweden, der überhaupt fähig zu bestimmtem Verhalten ist, über die Beschreibung von rechtem und unrechtem Verhalten bestimmend wirken, das so als wertwidrig Bezeichnete zu tun oder zu lassen. Der unter der Norm Stehende muß erkennen können, was er tun bzw. was er unterlassen soll; deshalb ist auf eine inhaltlich verstehbare Verhaltensumschreibung Wert zu legen[49]. Dabei wird an dem Konzept festgehalten, daß Menschen generell die Fähigkeit zur normgemäßen Motivation aufweisen. Wenn aber hier an eine Fähigkeit angeknüpft wird und diese über den Appell durch die Verhaltensanordnung aktualisiert werden soll, dann muß der Appell durch die Rechtsordnung unabhängig von der Aktualisierbarkeit dieser Fähigkeit im konkreten Einzelfall konstruiert werden. Der Motivationsvorgang, Verhaltenserwartungen zu entsprechen, setzt die Beschreibung der Verhaltensmuster, die es je in einem konkreten Akt zu befolgen gilt, voraus, wenn überhaupt die Verhaltenssteuerung durch Normorientierung erreicht werden soll. Orientierung an der Norm und durch die Norm gebietet daher notwendig die Bezeichnung der Erwartungen, die durch konformes Verhalten stabilisiert werden sollen.

Von der anderen Seite des Zweckprogramms her gesehen — nämlich der Verarbeitung des Konfliktes im Falle normabweichenden Verhaltens — ergibt sich die Notwendigkeit der differenzierenden Lösung vielleicht noch klarer. Dem einzelnen zugerechnet, „auf Rechnung" gesetzt, wird das normabweichende Verhalten nur dann, wenn es ihm persönlich vorgeworfen werden kann. Dies aber setzt voraus, daß der einzelne sich durch die *erkannte* oder *erkennbare* Rechtspflicht hätte motivieren lassen können. Das Objekt des Erkennens aber, dessen also, was die Pflicht zu bestimmtem Verhalten ausmacht, setzt aber einen Gegenstand des Erkennens voraus, der unabhängig vom Erkenntnisvorgang existiert[50]. Anders formuliert, das Bewußtsein der Rechtswidrigkeit kann nicht Voraussetzung der Rechtswidrigkeit sein. Es setzt deren gegenständliche Umschreibung immer schon voraus. Diese gegenständlich abhebbare, in Handlungs- und Antriebssteuerung aufeinander bezugnehmende Unrechts- und Schuldkonzeption wird sachlich auch von Lampe

---
[49] Vgl. *Zielinski*, S. 121 ff.
[50] Vgl. Armin *Kaufmann*, Zum Stande der Lehre vom personalen Unrecht, S. 396 in Anm. 4.

und Otto angesprochen. Wenn Otto formuliert, ein Sollenskonzept setzte Freiheit und Vernunft der Normunterworfenen voraus, „d. h., die Fähigkeit, die Forderung des Sollens zu vernehmen, sie einsichtig zu werten und erfüllen zu können"[51], so beschreibt er sachlich zutreffend, daß die Forderungen des Sollens unabhängig — jedenfalls vor dem Vorgang einsichtigen Wertens selbst — festgelegt sein müssen. Das Gesollte, wenn es vollbracht wird, kann durchaus in der dem einzelnen zugeschriebenen Einsichtsfähigkeit seinen Grund haben; aber wenn das der Fall ist, dann hat die Anordnung durch Beschreibung eines bestimmten Verhaltensmusters zwecktätigen Handelns diese Einsicht regelmäßig vermittelt. Auch Lampes Hinweis, es komme auf die im einzelnen ertönende imperativische Aufforderung an, führt an der differenzierenden Betrachtungsweise nicht vorbei. Denn wie anders als durch die mit dem Imperativ intendierte geistige Macht hat sich der „Gewissensanruf" des einzelnen konstituiert. Die imperativische Anforderung in uns wird geradezu bedingt durch die prägenden Verhaltensmuster der interagierenden Gesellschaftsmitglieder, die ihren typisierten Ausdruck in der Beschreibung des Norminhaltes gefunden haben.

Gerade wenn die Norm intendiert, das Gesollte über die Einsichtsfähigkeit des Verpflichteten zu erreichen, kann das Verhältnis des Normunterworfenen zur Verhaltensnorm, das Maß der Leistung nicht schon selbst in der Verhaltensnorm gewertet sein[52].

So kann mit Roxin festgehalten werden: „Die Unterscheidung von Unrecht und Schuld gilt mit Recht als eine der bedeutendsten Sacheinsichten, die unsere Strafrechtswissenschaft in den letzten hundert Jahren erarbeitet hat[53]."

II. Strafzweck und Schuldkonzept

1. Die Unbeweisbarkeit tatsächlicher Freiheit

Die Materialisierung des Schuldvorwurfs indessen, seine Funktion im Zweckprogramm der Steuerung menschlichen Verhaltens durch das Recht des Strafens, sein realistischer Kern, ist bis heute heftiger Streitpunkt in der wissenschaftlichen Diskussion.

Realistisch betrachtet ist inzwischen gesicherte Erkenntnis — um zunächst eine negative Ausgrenzung vorzunehmen —, daß in dem eine konkrete Verfehlung zurechnenden Schuldurteil jedenfalls kein Existenzialurteil über die tatsächliche Freiheit des Täters zu sinngemäßer

---
[51] *Otto*, in: ZStW, Bd. 87 (1975), S. 547.
[52] Vgl. *Jakobs*, Studien, S. 12/13 und dort in Fn. 48.
[53] *Roxin*, „Schuld" und „Verantwortlichkeit", S. 171.

Selbstbestimmung getroffen worden ist[54]. Der Zurechnungsakt enthält lediglich die Feststellung, wie Engisch in seiner umfassenden auf Merkels Vorarbeiten fußenden Abhandlung über die Willensfreiheit festgestellt hat, „daß dem Täter seinen allgemeinen Anlagen entsprechend das abweichende Verhalten zugerechnet wird"[55]; oder es wird — wie neuere Theoreme postulieren — beurteilt, ob „ein anderer an seiner Stelle... unter den konkreten Umständen"[56] anders gehandelt hätte. Gerade bei Jeschecks Formulierung wird klar, daß bei der Zurechnung zur Schuld heute stärker denn je auf das „durchschnittliche Können" abgestellt wird.

Damit aber ist dargetan, daß es in Wirklichkeit nicht um den realwissenschaftlichen Nachweis einer vom individuellen Täter *tatsächlich* umsetzbaren Motivations*leistung* geht, sondern um eine „normative Begrenzung"[57] der erwarteten Leistung. Die Präzisierung des Wertungsmaßstabes, nach dem diese Begrenzung vorgenommen wird, ist die *materielle* Frage nach der Schuld als notwendige Voraussetzung der Verarbeitung von Konflikten durch persönliche Zurechnung des abweichenden Verhaltens.

2. Prävention und Schuld

a) Die Position Roxins

Roxin hat, offenbar zunächst in dem Bestreben, „der unlösbaren Freiheitsfrage" zu entrinnen, den Versuch einer „rationalen Strafverhängungstheorie" unternommen und in der Kategorie der „Verantwortlichkeit", die er dem Begriff der Schuld wegen dessen begriffgeschichtlicher Vorprägung vorzieht, den Überstieg zum kriminalpolitischen Prä-

---

[54] Vgl. *Welzel*, Lehrbuch, S. 152 f.; *Roxin*, „Schuld" und „Verantwortlichkeit", S. 175; *Jescheck*, Lehrbuch, S. 330 f.; *Stratenwerth*, Strafrecht AT, Rdn. 507; eine tiefgründige Analyse der Schuld- und Freiheitsproblematik bietet der bislang wenig beachtete phänomenologische Entwurf von *Schmitz*, System der Philosophie, Der Rechtsraum, S. 448 ff.; *Merkel* zitierend (S. 557/558), kommt *Schmitz* zu dem Ergebnis, daß alle Bemühungen ein Anderskönnen zu retten, schon deshalb überflüssig seien, weil das normale sittliche Verantwortungsbewußtsein nicht zögere, auch in den vielen Fällen unbewußter Fahrlässigkeit einen Vorwurf zu erheben (S. 560).

[55] *Engisch*, Die Lehre von der Willensfreiheit, S. 26 und S. 55.

[56] *Jescheck*, Lehrbuch, S. 331; ähnlich im Ergebnis auch Arthur Kaufmann, Schuldprinzip, S. 278 ff. (282). Allerdings begegnet Arthur Kaufmanns Differenzierung hinsichtlich der „elementaren" wie der „anspruchsvollen" Sittlichkeit grundsätzlichen Bedenken. Das Gewissen ist Ausdruck der internalisierten Verhaltensnormen und es ist eine Frage der rationalen Zuschreibung, ob auf abweichendes Verhalten mit einem Vorwurf reagiert wird oder nicht. Es gibt keine aus der Natur der Sache fließende Schranke vor der das „stellvertretende Gewissensurteil" halt machen müßte.

[57] *Stratenwerth*, Strafrecht AT, Rdn. 537; vgl. dazu auch *Henkel*, Die Selbstbestimmung des Menschen als rechtsphilosophisches Problem, S. 25.

ventionsbedürfnis gewählt. Damit hat er zu Recht das schon von Merkel dargelegte Theorem von der notwendigen Beziehung der Schuldzurechnung zu den Zwecken staatlichen Strafens aufgegriffen. Die Verhängung von Strafe muß aus spezial- oder generalpräventiven Gründen zur Aufrechterhaltung der gesellschaftlichen Friedensordnung unerläßlich sein[58]. Nach der Vorstellung Roxins kommt diese Zwecküberlegung erst zum Zuge, wenn das Vorliegen von Schuld im traditionellen Sinne — der Täter hätte auch anders (rechtmäßig) handeln können — als notwendige Bedingung der Zurechnung schon feststeht. Es geht ihm also immer um die Frage, was zur Schuld noch hinzukommen muß, um Strafe zu verhängen.

Mit diesem Ansatz ist Roxin aber sozusagen auf halbem Wege stehengeblieben. Denn wenn für die Verhängung von Strafe Zwecküberlegungen letztlich ausschlaggebend sind, ist nicht ersichtlich, was das Festhalten an der traditionellen Vorstellung, im konkreten Falle habe der Täter sich auch rechtmäßig verhalten können, bedeuten soll. Ein konkreter Nachweis ist nicht zu erbringen und über die Zurechnung wird nur insoweit entschieden, als in bestimmten Fällen der *Fiktion* des Anders-Handeln-Könnens festgehalten wird, um einen Konflikt zu verarbeiten, in anderen Fällen hingegen das Fehlverhalten des Täters als Unglück — oder Krankheitsfall — deklariert wird. Wenn also an der Vorstellung der Schuld in traditionellem Sinne festgehalten wird, aber auf der anderen Seite auf das deklarierte „schuldhafte" Verhalten einer Person teilweise überhaupt nicht, teilweise nicht der volle Strafrahmen ausgeschöpft wird, wenn also zweckhafte Überlegungen Grund und Maß der Strafe bestimmen, dann muß unter realwissenschaftlichem Ansatz, wenn mit der Kategorie Schuld überhaupt etwas angefangen werden soll, erklärt werden, „welche Zwecke die Schuld einfärben"[59]. Die Schuld selbst ist zweckbestimmt, „und zwar die Schuld selbst und nicht eine abgespaltene Verantwortlichkeit"[60].

b) Die Position Jakobs'

Es ist das Verdienst Jakobs', den Zweckbezug der Schuld, anknüpfend an den seit Merkel und den „Modernisten" immer wieder hervorgehobenen Zweckgedanken des Strafens, in einer Theorie der Zurechnung unter Verarbeitung systemtheoretischer Analysen Luhmanns zugespitzt zu haben. Der Zweck des Strafrechts besteht in der Stabilisierung einer

---

[58] Vgl. *Roxin*, „Schuld" und „Verantwortlichkeit", S. 182.
[59] *Jakobs*, Schuld und Prävention, S. 7.
[60] *Jakobs*, Schuld und Prävention, S. 9; diese Einwände treffen auch die Position von *Rudolphi*, Unrechtsbewußtsein, insbesondere S. 5 ff. (21), der eine genaue Übersicht über den Streitstand der Diskussion in den 60er Jahren gibt.

bestimmten Ordnung. Das Anknüpfen an die Schuld ist ein Mittel zur Erreichung des Zweckes. Durch die normübertretende Tat werden die Erwartungen gestört, deren Legitimität rechtlich garantiert ist. Die enttäuschte Erwartung, die Störung der Erwartung, die Rechtsgenossen würden sich normgemäß verhalten, muß um der Stabilisierung der Ordnung willen kompensiert werden. Dazu wird das enttäuschende Verhalten verarbeitet, indem es dem Täter zugerechnet, Merkel sagt, auf Rechnung gesetzt wird.

Im Zusammenspiel von Erwartung, enttäuschter Erwartung und Stabilisierung der Erwartung kann der Konflikt, der durch die Normübertretung entstanden ist, auf verschiedene Weise „verarbeitet" werden. Eine Art der Konfliktbewältigung, der Kompensation von Enttäuschung, der Stabilisierung von Rechtstreue, erfolgt darüber, dem Normverletzten die enttäuschende Tat wegen der Fehlerhaftigkeit seiner Motivation zuzurechnen. Die Frage nach dem Grund der Motivation wird abgeschnitten. „Der Täter wird als Bedingung der enttäuschenden Tat vereinzelt." „Der Konflikt wird dadurch gelöst, daß mit Blick auf die Bewirkung von Normbefolgung das autonome Können der Normbrecher behauptet wird, so daß schon mit der Zurechnung als schuldhaft die Ordnung als dasjenige bestätigt wird, woran weiterhin festzuhalten ist[61]." Nicht die Umstände führen zur Enttäuschung, sondern mangelhafter Wille der Normbrecher hat sie bedingt. Anders ausgedrückt: er hat sie verschuldet.

Der Schuldbegriff hat als Mindestinhalt folglich, daß einem Subjekt zugerechnet wird, wobei auf die Fehlerhaftigkeit der Motivation des Täters, nicht auf die Situation bei der Tat abgestellt wird. Was ab- und zugerechnet wird, bestimmt sich nicht lediglich durch ein Kausalurteil, sondern wird bestimmt durch ein „distributives" Urteil. Was als gegeben, als Unglück oder ähnliches hinzunehmen ist, was sich als mögliche Fehlleistung des Subjekts abheben läßt, kann der Schuldbegriff als formaler Begriff nicht leisten. „Nur der Zweck gibt dem Schuldbegriff Inhalt" — so die unnachgiebige These von Jakobs[62]. Die Autonomie, die den Rechtsgenossen gemäß den Erwartungen zugeschrieben wird, darf nur fehlen, soweit die Möglichkeit anderweitiger Konfliktverarbeitung

---

[61] *Jakobs*, Schuld und Prävention, S. 13 unter Hinweis auf *Luhmann*, Rechtssoziologie, S. 55; vgl. zu einer Möglichkeit der erfahrungswissenschaftlichen Aufarbeitung des Problems der Festigung sozialethisch akzeptabler Verhaltensgewohnheiten die den tiefenpsychologischen Ansatz integrierende Arbeit von *Haffke*, Tiefenpsychologie und Generalprävention, insbesondere S. 87 ff. und 162 ff.; *Haffke* kommt zu dem Ergebnis, daß wir zur Zeit auf ein generalpräventives Strafrecht verzichten können, es aber eines Tages preisgeben müssen, um dem ethischen Dilemma zu entgehen, „daß darin besteht, daß wir einzelne bestrafen, um die Gesellschaft zu rechtstreuem Verhalten zu motivieren" (S. 168).

[62] *Jakobs*, Schuld und Prävention, S. 14.

besteht. Welche Momente dem Verantwortungsbereich der Person, welche der entlastenden Umwelt zugeschrieben werden, ergibt sich nicht aus dem Schuldbegriff. Ob etwa ein Trieb, der zu bestimmten Delikten drängt, in den Verantwortungsbereich der Person fällt, also Schuld erhöht, weil dem Handelnden nicht die Norm deutliches Verhaltensmotiv geworden ist, oder ob der Trieb entlastet, weil er nicht zu verantwortendes Schicksal ist, vergleichbar einer Krankheit, kann nur — so Jakobs[63] — von einem Schuldkonzept entschieden werden, das zweckbestimmt interpretiert wird.

Ob der Absolutheitsanspruch der Jakobsschen These, nur der Zweck gebe der Schuld Inhalt, durchhaltbar ist, scheint zweifelhaft. Die Bestimmung des Zwecks — die Lösung des Problems — bleibt auch bei Jakobs unscharf.

Sicher geht es bei dem Einsatz des strafrechtlichen Instrumentariums um Verhaltensstabilisierung. Jedoch nicht Fixierung von Verhaltensstrukturen jedweder Art, sofern sie nur Stabilität garantieren, ist intendiert — die wäre beim heutigen und sich erweiternden Stand der Beeinflussung durch Psychopharmaka leicht produzierbar —, sondern es geht, sofern von Schuld die Rede ist, immer um eine bestimmte *Artung* der Sicherung von bestimmten Verhaltensmustern.

Stabilisierung des *Normvertrauens* und *Schuldkonzept* sind interdependent. Das Festhalten am „Verantwortlichkeitskonzept" geht in die generelle Zweckbestimmung mit ein.

3. Weiterentwicklung des Merkelschen Identitätskonzepts

a) Präzisierung der Position Merkels

Das *Einüben* in Rechtstreue ist der Zweck des Strafrechts, und dazu ist das Anknüpfen an personalem auf Rechnung setzen Bedingung. Schon bei Merkel wird diese Bedeutung der verhaltensstabilisierenden Wirkung der Strafe analysiert. Die Verknüpfung schädlicher Folgen mit der Verletzung einer bestimmten Regel des Verhaltens bestärkt im allgemeinen deren psychologische Kraft, insbesondere insofern diese Verknüpfung nicht willkürlich und sporadisch, sondern nach einer festen Ordnung und sozusagen gesetzmäßig erfolgt. Schon für Merkel steht fest, daß die Verhängung von Strafe geeignet und bestimmt ist, das Ansehen der Normen und die Rechtstreue der Rechtsgenossen zu bestärken. Insoweit nun, so folgert Merkel weiter — wie schon dargelegt — die Strafe den Charakter einer Gegenwirkung gegen das Verbrechen hat — modern gesprochen: die Verarbeitung eines enttäuschenden Verhaltens leistet — unterfällt sie gleichzeitig dem Begriff der Ver-

---
[63] *Jakobs,* Schuld und Prävention, S. 28.

B. II. Strafzweck und Schuldkonzept

geltung. Die Vergeltungsstrafe ist nach Merkel Zweckstrafe und mißt sich an den Bedingungen ihres Zweckes. Wie nun sieht Merkel die Verknüpfung von Strafe, Strafmaß und Schuld? Das natürliche Maß der Strafe liegt in den Bedingungen, unter welchen sie ihren Zweck unter möglichst geringer Schädigung menschlicher Interessen zu erfüllen vermag[64]. Sie — die Strafe — setzt voraus, daß dem Täter die Tat auf Rechnung gesetzt werden kann. Dabei enthält die Zurechnung ein Schuldurteil. Schuld ist, wie wir gesehen haben, das pflichtwidrige Wirken oder Nichtwirken einer Person, das ihr als solches den geltenden Werturteilen gemäß in Anrechnung gebracht wird.

Der Begriff der Schuld, wie Merkel ihn faßt, stellt darauf ab, ob eine den sozialen Interessen und Normen widerstreitende Wirksamkeit willentlich menschlichen Verhaltens vorliegt, die in der Betätigung der Individualität ihre adäquate Ursache hat. Je vollständiger das, was geschehen ist, in dem Charakter des Handelnden seine Erklärung findet, je mehr der Handelnde sich für die Tat selbst verantwortlich weiß, sie als Wirksamkeit nach eigenem Maße sieht, um so stärker setzen wir sie auf Rechnung[65]. Demjenigen, der sich mit seiner Tat zu identifizieren vermag, der sich seiner Eigentümlichkeit gemäß und im Einklang mit sich betätigt hat, wird die Handlung als die fortschreitende Äußerung seiner Individualität zugerechnet. Anders formuliert: kommt in der Tat die Macht der Individualität zu einer ihr adäquaten Wirksamkeit zum Ausdruck, so wird sie als schuldhaft zugerechnet. Spricht sich in der Tat aber eine Krankheit aus, so entfällt die Zurechnung.

Das sachliche Substrat, auf das die Zurechnung als schuldhaft sich nach dieser Konzeption gründet, stellt nicht mehr allein ab auf die positiven Momente des Verhaltens wie Wollen, Bewußtsein, Kausalität, sondern zur Erreichung des Normzwecks heraus, daß es um Vermeidung bestimmten Verhaltens geht und die normativen Festlegungen der Bedingungen des Vermeidenkönnens. Nach Merkel findet die äußere Zurechnung ihr Gegenbild in einer subjektiven Zurechnung, in welcher der Handelnde den Wert seiner Tat im Einklang mit den gesellschaftlichen Werturteilen sich selbst auf Rechnung setzt. Schuld wird definiert als Identifikationsproblem des einzelnen, in das die normativen Erwartungen der Gesellschaft eingehen.

Die Konzeption der auf Merkel — so kann wohl festgehalten werden — zurückgehende Verknüpfung von generalpräventivem Zweckbezug der Strafe und Festhalten an der Kategorie der Schuld hat nunmehr auch Schreiber aufgegriffen. Er stellt resümierend fest: „Nach alledem kann ‚Schuld' nur in einem empirisch-pragmatischen Sinne

---
[64] Vgl. *Merkel*, Lehrbuch, S. 195.
[65] Vgl. *Merkel*, Verbrechen und Strafe, S. 90 f. und S. 97 f.

verstanden werden als Fehlgebrauch eines Könnens, das wir uns wechselseitig zuschreiben[66]."

Die Motivierbarkeit durch soziale Normen, die jeder Bürger unter normalen Sozialisationsbedingungen erwirbt, ist der reale Kern einer der Person zugeschriebenen Fähigkeit[67]. Auch Welzel hat auf diesen realen Kern, der in jeder Zurechnung eines Verhaltens als schuldhaft steckt, hingewiesen; denn das Urteil, jemand sei schuldfähig, ist ein „*kommunikativer Akt*, der die Anerkennung des anderen als gleich sinnvoller Bestimmung zugängliches und darum gleich verantwortliches Subjekt voraussetzt"[68]. Damit ist ein realistischer Bezug der Schuldfrage aufgenommen, der durch die neuere anthropologische und sozialpsychologische Forschung verstärkt wird. Die Frage von Identität und Interaktion, das Individuum im öffentlichen Austausch, wird zunehmend realwissenschaftlich und pragmatisch thematisiert.

b) Sicherung von Selbstdarstellung und Rollendistanz als realer Kern der Schuldzuschreibung

Insbesondere G. H. Mead und Erving Goffman haben den Zusammenhang von „Ich-Identität" und institutionalisierter Interaktion näher untersucht.

Soziales Verhalten kommt nach Mead zustande, indem interagierende Subjekte die Einstellung des jeweils anderen Interaktionspartners antizipieren und aus dessen Perspektive sich selbst wahrnehmen. „Das Verhalten eines Individuums kann nur in Verbindung mit der ganzen gesellschaftlichen Gruppe verstanden werden, dessen Mitglied es ist, denn seine individuellen Handlungen sind in größeren gesellschaftlichen Handlungen eingeschlossen, die über den einzelnen hinausreichen und andere Mitglieder dieser Gruppe ebenfalls betreffen[69]." Indem der einzelne die Rolle des „generalisierten anderen" einnimmt, löst er sich aus dem Besonderen seiner Situation und macht sich die universellen Zielsetzungen der Gemeinschaft zu eigen. Die an Rollen gebundenen Hand-

---

[66] *Schreiber*, Strafrechtliche Schuld, in: Der Nervenarzt 1977, S. 245.
[67] Die Divergenz, die *Schreiber* zu der Position Jakobs sieht, besteht in Wirklichkeit nicht, jedenfalls nicht in der angegebenen grundsätzlichen Bedeutung. Wenn *Jakobs* auf „mit gutem Willen vermeidbare Enttäuschung" durch den Täter abstellt, *Schreiber* aber darauf, daß „nach praktischen Erfahrungen ein anderer an seiner (des Täters) Stelle unter den konkreten Umständen anders gehandelt hätte", dann ist *sachlich* offen nur noch, nach welchem Maßstab, welchem Kriterium, das abweichende Verhalten noch als persönlichkeitsadäquate Fehlleistung oder als schicksalhafter Unglücksfall festgeschrieben wird; vgl. zu diesem Komplex auch *Krümpelmann*, in: ZStW, Bd. 88 (1976), S. 6 ff. (12, 15).
[68] *Welzel*, Lehrbuch, S. 153, Hervorhebung vom Verf.
[69] *Mead*, Geist, Identität, Gesellschaft, S. 45.

B. II. Strafzweck und Schuldkonzept

lungsmuster können demnach nicht individuell beliebig gesteuert werden, sondern setzen in der Intersubjektivität der Verhaltenserwartungen bereits eine soziale Organisation voraus[70].

Goffman ist — was mit Bezug auf Schuldzuschreibung von größerem Interesse ist — den Identitätsproblemen anhand von Grenzfällen der Identitätsbehauptung nachgegangen. Die Darstellung der Situation von Stigmatisierten, die Technik der Bewältigung beschädigter Identität, dient Goffman dazu, den gesamten Mechanismus, wie dem Individuum eine „soziale Identität" angesonnen wird und wie dennoch an der „personalen Identität" festgehalten werden kann, zu erklären. Er analysiert die alltägliche Wirklichkeit, in der das Individuum die vielfältigen Bedrohungen seines Lebensplanes durch klausuliertes Engagement überspielt. Die Formen nützlicher Selbstdarstellung werden dabei zu der eigentlichen Konstanten der alltäglichen Lebenspraxis. „Soll das Individuum der Gesellschaft nützlich sein, muß es intelligent genug sein, um die ernst zu nehmenden Risiken abzuschätzen, die es eingeht, und sich dadurch nicht verunsichern oder demoralisieren lassen. Nur dann wird es den augenblicklichen gesellschaftlichen Aktivitäten jene Stabilität und Kontinuität verleihen, die zur Aufrechterhaltung der sozialen Organisation erforderlich sind. Die Gesellschaft unterstützt diese Fähigkeit durch moralische Gratifikation und wird denjenigen, die Selbstdisziplin zeigen, einen starken Charakter *zuschreiben*[71]."

Bei den Individuen bildet sich im Verlaufe der Sozialisation die Überzeugung heraus, daß bestimmte Regeln richtig und angemessen seien und daß eine Person, falls sie diese Regel übertrete, Reue und Schuldgefühle empfinden solle. „Es lernt da schon, direkten Wert auf die Vorstellung zu legen, die andere von ihm in dieser Hinsicht bekommen können; es lernt, sich in geziemender Weise um seinen guten Ruf zu kümmern[72]." Vom Individuum her gesehen sieht sich der Regelverletzer mit der Notwendigkeit konfrontiert, eine korrektive rituelle Handlung zu vollziehen, die in Erklärungen, Entschuldigungen und Bitten bestehen kann. Mittels solcher ritueller Handlungen versucht der Normverletzer deutlich zu machen, „daß der Regelverstoß kein zutreffender Ausdruck für seine Einstellung zu den Normen ist. Die Respektlosigkeit ist nur Schein, in Wirklichkeit befürwortet er die Regel"[73].

Der interaktionistischen Verhaltensanalyse kommt es darauf an, die alltäglichen Lebenssituationen in ihren vielschichtigen Strukturen der

---

[70] *Mead*, Geist, Identität, Gesellschaft, S. 244 ff. (259, 260); vgl. auch *Raiser*, Identität und Sozialität, S. 135 ff.; sowie die umfassende Analyse bei *McCall / Simmons*, Identität und Interaktion, S. 86 ff.
[71] *Goffman*, Interaktionsrituale, S. 281 mit Hervorhebung vom Verf.
[72] *Goffman*, Das Individuum im öffentlichen Austausch, S. 448.
[73] *Goffman*, Das Individuum im öffentlichen Austausch, S. 454.

unmittelbaren Erfahrungswelt zu thematisieren. Besondere Aufmerksamkeit wird den wechselseitig sich bedingenden Erwartungen der in bestimmten Lebensfeldern interagierenden Menschen gewidmet. Der einzelne erwirbt sein Verhaltensgefüge im situativen Zusammenhang der Erwartungen und Interpretationen, auf die er trifft. So werden Rollen gespielt, die der Situation angemessen sind. Dabei übernimmt der einzelne nicht einfach die vorgegebene situative Interpretation, sondern setzt sich mit ihr auseinander, indem das Verhalten zu sich selbst von der Vorstellung geprägt wird, daß man sich selbst gern als Inhaber einer bestimmten Position sehen, gern eine bestimmte Rolle übernehmen würde[74]. Der Interaktionismus will nicht nur ein förmliches Bekenntnis zur sozialen Interaktion leisten, sondern sieht eine fundamentale Annahme darin, „daß die soziale Interaktion ein Prozeß ist, der menschliches Verhalten *formt*, der also nicht nur ein Mittel oder einen Rahmen für die Äußerungen oder die Freisetzung menschlichen Verhaltens darstellt". Die Menschen haben im Rahmen der Situation, in der sie auf Menschen und Gegenstände stoßen, die „eigenen Handlungsabsichten mit den Handlungen anderer in Einklang zu bringen"[75].

Die forschungstheoretische Position des symbolischen Interaktionismus zeigt den wirklichkeitsverbundenen Ansatz. „Für den symbolischen Interaktionismus muß die Beschaffenheit der empirischen, sozialen Welt durch eine direkte, sorgfältige und umsichtige Überprüfung jener Welt entdeckt und aufgedeckt werden[76]."

Die Konzeptionen und Aussagen des symbolischen Interaktionismus sind mit Blick auf die Prüfung der empirischen, sozialen Welt entworfen. Damit wird eine Theorie und Methodologie zurückgewiesen, die abschließende Begründungszusammenhänge aufzudecken vorgibt. Der Interaktionismus liefert sozusagen plausible, sensibilisierende Forschungskonzepte, die der bedeutungshaltigen Wirklichkeit interagierender Menschen im Laufe der konkreten Prüfungen zunehmend erklärungskräftiger gerecht zu werden versuchen. Im Zusammenhang mit dem Phänomen der Verarbeitung von Konflikten und Schuldzuschreibung ist von einem interaktionistischen Ansatz her das „Sachgesetzlichkeitsdenken", das auf eine apriorische Struktur der Schuld zurückgreift, zurückzuweisen. Die Fundierung der Sachgesetzlichkeit stützt sich etwa bei Welzels[77] Konzept noch auf die Schichtenlehre von Lersch und Rothacker, die in der funktionalen Dominanz des Oberbaus die Aporien der Freiheitsfrage aufzuheben trachtete. Heute scheint sich die Einsicht

---

[74] Vgl. *McCall / Simmons*, Identität und Interaktion, S. 89 ff. (102, 103).
[75] Vgl. *Blumer*, Alltagswissen, S. 87 mit der Hervorhebung dort.
[76] *Blumer*, S. 131.
[77] *Welzel*, in: ZStW, Bd. 60 (1941), S. 428 ff.

durchzusetzen, daß die Antworten des einzelnen in einer Konfliktsituation nicht aus der Interaktion motivationaler und kognitiver Prozesse herauszulösen sind. „Recht" wie „Sitte" entlassen den einzelnen nicht in die Freiheit, sondern sind Auslösebedingungen für die Einschaltung normativer Systeme und normativ orientierter Kognitions-, Motivations-Interaktionen in der Konfliktlösung[78].

c) Einüben in Rechtstreue durch Schuldzuschreibung

Eine formalisierte Konfliktlösung zur Stabilisierung von Grundverhaltensmustern erfolgt über die Zuschreibung von schuldhaftem Verhalten. Entscheidend ist, daß die generelle Respektierung der Normen, die Akzeptation der Normen, dann nicht in Frage steht und damit auch nicht die Stabilität der Erwartungen allgemeiner Orientierung an den Normen, wenn das abweichende Verhalten erklärt werden und ein Gegenkonzept zur Vermeidung künftiger Abweichung angeboten werden kann. Dabei wird an der Zuschreibung einer Fähigkeit, normorientiertes Verhaltens jederzeit leisten zu können, solange festgehalten als andere Erklärungen — wie krankheitsbedingte Abweichungen oder Unglücksfall — nicht zur Verfügung stehen. In dem Zweckprogramm Verhaltenssteuerung durch sanktionsbewehrten Normerlaß spielt das Konzept, daß der Mensch „von seiner geistig-sprachbegabten Natur her ein verantwortliches oder (genauer) ein auf Selbstverantwortung angelegtes Wesen ist"[79] eine entscheidende Rolle. Die Einsicht in die existentielle, in der Selbsterfahrung des Menschen liegende Eigenartigkeit, die ihn schon als homo phänomenon von der gesamten Tierwelt unterscheidet, wird auch vom Interaktionismus bestätigt. „Die *deutende* Dramatisierung konkreter alltäglicher Handlungen ist das Mittel mit dem wir den Rollenentwürfen Leben einhauchen, die — nachdem wir sie durch die Kultur gelernt und internalisiert haben — zum strukturellen Gerüst für unsere Rollen-Identitäten geworden sind[80]." Die Möglichkeit, die allgemeinen Erwartungen mit unseren individuellen Interpretationen und Entwürfen zu konfrontieren, gibt uns die Erfahrung der „Offenheit" gegenüber der nicht eindeutigen Situation und gibt uns die Vorstellung, selbstgetragener und damit verantwortbarer Entscheidungen.

Die anthropologische Einsicht und existentielle Erfahrung, daß sich uns die alltägliche Lebenspraxis als „aufgegeben" nicht als funktional bestimmte Erfüllung eines fixen Lebensplanes darstellt, weist uns die

---

[78] Vgl. *Thomae*, Konflikt, Entscheidung, Verantwortung, S. 168, 178.
[79] *Welzel*, Lehrbuch, S. 43.
[80] *McCall / Simmons*, Interaktion und Identität, S. 261/262, Hervorhebung durch Verf.

Fähigkeit zu, im Rahmen der biographischen und situativen Notwendigkeiten uns nach sinnhaften Lebensplänen orientieren zu können, und macht uns nicht lediglich zum Zuschauer darüber, wie etwas mit uns abläuft, über das wir dann lediglich traurig sein können. Dieser phänomenologische Befund — aus der überprüfbaren empirischen Alltagspraxis gewonnen — ist wesentlich auch für die Konfliktverarbeitung durch Zuschreibung schuldhaften Verhaltens; denn diese anthropologische Einsicht und der existentielle Grundkonsens sind Bestimmungen und Zuweisungen, die im Zweckprogramm — Verhaltenssteuerung durch sanktionsbewehrte Normen — selbst abgesichert und stabilisiert werden sollen.

Das Anknüpfen und Festhalten an bei richtiger Willensbildung vermeidbares Verhalten ist eine „notwendige" Fiktion, wenn es um die Verhaltensstabilisierung bei gleichzeitigem Festhalten und Bekenntnis für die Möglichkeit und Vielfältigkeit der „Selbstdarstellung der Person" und Abwendung einer definitiven rein instrumentellen Rollenzuweisung geht.

Damit wird andererseits eine Verhaltstechnologie Skinnerscher Prägung abgelehnt, die gutes Verhalten durch genetische Veränderungen und technische Manipulation konstruieren will[81]. Zurückgewiesen wird ein wissenschaftlicher Absolutismus, der die Erfahrung der selbstverantwortlichen Person zugunsten einer eindimensionalen „Wissenschaftlichkeit" hinwegdiskutiert.

„Denken Menschen wissenschaftlich über sich selbst, so müssen sie die Idee des Selbst hinter sich lassen und ihr Verhalten manipulieren, genauso wie man natürliche Ereignisse manipuliert[82]."

Gegen diese umfassende Theorie der Manipulation steht die Grundentscheidung für die verantwortete Teilhabe aller an der Suche nach dem richtigen Sozialentwurf und dessen jeweiliger Stabilisierung durch Einüben in Rechtstreue.

Im Schuldurteil wird an dieser Konzeption festgehalten und zum Ausdruck gebracht, daß mit dem Vorwurf eine verhaltensleitende oder stabilisierende Wirkung entfaltet werden und die Sanktion ihren Zweck erreichen soll und kann[83]. Moralische wie rechtliche Mißbilligung haben verhaltensleitende Funktion und setzen nichts anderes voraus als die Offenheit menschlicher Handlungsvollzüge im Zusammenspiel von

---

[81] *Skinner*, Beyond Freedom and Dignity, S. 100 ff. (101).

[82] N. C. *Budd*, Behavior Modification, S. 26; vgl. auch die Kritik an dieser Denkart durch *Häring*, Ethik der Manipulation, insbesondere S. 143 ff.

[83] Vgl. dazu *Burkhardt*, in: GA 1976, S. 334, der in einer interessanten sprachanalytischen Untersuchung zum Schuldphänomen diesen Befund bestätigt.

Selbstdarstellung und Rollenerwartung. Gegen dieses pragmatische, an der Alltagserfahrung anknüpfende Konzept der Verantwortungsfähigkeit des einzelnen ist eingewandt worden, die Möglichkeit präventiver Zweckerreichung sei zwar eine notwendige, aber keine hinreichende Bedingung für „Schuld". Über die Erreichung von Zwecken hinaus bestünden die zwei zusammenhängenden Funktionen des Schuldprinzips, zum einen die Erziehung zur Fairneß und Gerechtigkeit, zum anderen in der Maximierung individueller Freiheit[84]. Außer der sprachlich aufschlußreichen Formulierung, es gehe „um Funktionen", also offensichtlich zweckbestimmte Bezüge des „Schuldprinzips", wird nicht klar, was über die notwendige Bedingung der Schuld, präventiven Zwecken zu dienen, hinaus mit solch generalisierenden Beschreibungen erreicht wird. Der Satz von Rawls: „Es wäre eine unerträgliche Belastung der Freiheit, wenn die Strafbarkeit nicht gewöhnlich auf Handlungen beschränkt wäre, die wir ausführen oder lassen können"[85], auf den Burkhardt sich beruft, führt in der Intention, Schuld hinreichend zu erklären, nur weiter, wenn eine materielle Bestimmung der Freiheit und damit „der Belastung der Freiheit" geleistet werden kann. Ebenso verhält es sich mit der „Maximierung individueller Freiheit".

Wenn uns die Betonung der vielfältigen Möglichkeiten der Selbstdarstellung, der alternativen Handlungsplanungen, der Offenheit in Lebensplanung und -vollzug soviel wert ist, hat das Schuldprinzip die Funktion, diesen Entwurf prinzipiell zu bestätigen, indem der einzelne für abweichendes Verhalten, welches nicht als Krankheit oder Unglück erklärt wird, verantwortlich gemacht werden kann. So kann gleichzeitig an der gemeinsam gefundenen Normerwartung, den verhaltensleitenden Wertvorstellungen über gutes und böses Verhalten, wie an der Vorstellung der Offenheit der Zukunft, in der der einzelne *seinen* Part spielen kann, festgehalten werden.

Warum dies Überlegungen sind, die Zwecküberlegungen generalpräventiver Art ausschließen sollen, ist nicht ersichtlich. Solange wir uns sinnorientierend verhalten und damit gleichzeitig eingestehen, daß der „Sinn" als fixe Bezugsgröße nicht auszumachen ist, wird die Verhaltenssteuerung durch persönliche Zurechnung möglich und notwendig, soweit ein Verfehlen des im generellen Konsens gewonnenen Sinnrahmens konstatiert wird.

Damit ist der Weg, Konflikte abweichenden Verhaltens über normative Regelungsmechanismen zu steuern, nicht eindeutig festgelegt; denn zwischen Krankheit, Unglück und personaler Zurechnung ist eine schwankende Grenze, die es je neu zu bestimmen gilt. Die Frage der

---

[84] *Burkhardt*, in: GA 1976, S. 338.
[85] *Rawls*, Theorie der Gerechtigkeit, S. 268.

Vermeidbarkeit enttäuschenden, normwidrigen Verhaltens verschiebt sich in dem Maße, in dem bei der Erklärung des abweichenden Verhaltens die biographischen und situativen Bedingungen einer Tat in der zuschreibenden Bewertung mit herangezogen werden. Die Festlegung darauf, ob die sozialen Verhaltenserwartungen erfüllbar oder unerfüllbar sind, hängt ab von der einfühlbaren Erklärbarkeit des in der Tat sich äußernden Täterverhaltens. Selbstidentität und generalisierte Wirklichkeit im Individuum sind dann zu bestimmen und geben die Erklärung für „auf Rechnung setzen": ja oder nein. Krümpelmann hat eindrucksvoll nachgewiesen, daß auch das Eindringen in die „Persönlichkeitsstrukturen" der fachlich zuständigen Psychologen und Psychiater im Krankheitsbegriff keinen „Gradmesser für einen einigermaßen fixen Standpunkt anbietet. Was bleibt, ist ein allgemeiner Verweis auf extreme Ausnahmezustände"[86]. Die Ausweitung der Exkulpationsmöglichkeiten, die etwa § 20 StGB eröffnet, ist dabei nicht die Perspektive, die die Spannung zwischen Stabilisierung des Verhaltens durch Internalisierung der Normen und Einhaltung der Möglichkeit weitester Selbstdarstellung des einzelnen harmonisiert. Stigmatisierung als krank kann gerade für den einzelnen schwerwiegende Folgen haben. Soweit vermeidbares Fehlverhalten zugeschrieben wird, wird die generelle Normerwartung gestärkt und der Täter hat die Mißbilligung auf sich zu nehmen, um die unabdingbare Stabilisierung bestimmter Verhaltens-

---

[86] *Krümpelmann*, in: ZStW, Bd. 88, (1976), S. 29; vgl. auch *Haddenbrock*, in: JZ 1969, S. 121 ff. (124), der zutreffend auf die widersprüchlichen Konsequenzen einer strikten, konkreten Individualisierung des Schuldvorwurfes hinweist; es sei gefährlich, Psychologen und Psychiater auf immer subtilere Untersuchungen *aller* passiven Determinanten eines Täters anzusetzen, für die dieser nichts könne, wenn man dabei annehme, auf diese Weise immer genauer den verbliebenen Freiheitsgrad, die persönliche relative Willensfreiheit ausmachen zu können (vgl. auch *Haddenbrock*, Handbuch, S. 897 ff.). Der Spielraum für die Bewältigung des Konflikts durch Zuschreibung eines verantwortbaren Fehlverhaltens werde immer enger und so führe das Streben nach möglichst gerechter subjektiver Schuldvergeltung paradoxerweise vom Schuldprinzip ausgehend zu einer Schwerpunktverlagerung vom Strafrecht auf das Maßnahmerecht. Zuletzt hat *Stratenwerth*, Die Zukunft des strafrechtlichen Schuldprinzips, in einer feinsinnigen Kritik an Jakobs' Konzept (vgl. insbesondere S. 30 ff.), das Aufdecken von Sachzusammenhängen, die Sachgesetzlichkeit, die zunehmende Einsicht in triebdynamische Zusammenhänge gegen das Präventionsdenken postuliert. Daß realistisch betrachtet, indessen Maß und Grenze der Schuld anders bestimmt werden, hat *Stratenwerth* an anderer Stelle zutreffend beschrieben. „Der härtere Zwang soll offenbar die rechtliche Ordnung nachdrücklicher bekräftigen und zugleich den Täter durch Abschreckung oder Besserung wirksamer vor künftigen Straftaten abhalten. Es sind mit anderen Worten, sehr vertraute, obschon unreflektierte Motive der General- und Spezialprävention, die hier im Hintergrund stehen." Diese für die Erklärung der Rückfallschärfung entwickelte Analyse gilt es allgemein zu reflektieren, und in das realitätsbezogene „Bewußtsein" zu heben, wenn von Schuldzuschreibung gehandelt wird. Vgl. *Stratenwerth*, Tatschuld und Strafzumessung, in: Recht und Staat, 401/402 (1972), S. 18.

erwartungen zu gewährleisten. Dabei ist selbstverständlich, daß die Mißbilligung nicht reine Übelszufügung, sondern in der humanitären Gesellschaft am Leitbild des Würdekonzeptes auferlegter Tadel mit der Chance genugtuender Reintegration in die Sozialität ist.

Es ist Aufgabe der Strafrechts- und Kriminalwissenschaft, generalisierende Abwägungstypen zu entwickeln, die der Internalisierung von verbindlichen Verhaltensmustern bei gleichzeitiger Verstärkung des personalen Würdekonzepts dienen. Die hier entwickelte Materialisierung des Schuldkonzepts ist somit leitender Wertungsgesichtspunkt bei der Anwendung der im Gesetz vertypten Schuld- bzw. Entschuldigungsgesichtspunkte, wie auch eine offene Haltung zur „Dekreszenz" des Strafrechts eingenommen wird. Wer wie Stratenwerth einerseits konstatiert, „jedes Urteil über die Schuld eines anderen enthält nämlich insofern ein Moment der Generalisierung, als die Voraussetzung, daß der Betreffende auch anders hätte handeln können, immer eine Unterstellung ist"[87], befindet sich in einem methodischen Zwiespalt, wenn er andererseits den Vertretern einer generalpräventiv orientierten Zuschreibungstheorie vorhält, eine personale Entscheidung gegen das Recht erfordere die Beurteilung der *Fähigkeit* zur Normbefolgung, und er damit eine auf die „sachgesetzliche" Struktur der Person zielende völlig individualisierende Haltung einnimmt[88].

Zu Unrecht unterstellt Stratenwerth, daß die Berücksichtigung sozialpsychologischer Faktoren dazu führe, unkritisch die tatsächlichen Vergeltungsbedürfnisse als Maßstab zu übernehmen[89]. Die Verarbeitung einer Affekttat etwa bedarf jedenfalls der einfühlbaren Erklärbarkeit des in der Tat sich äußernden Täterverhaltens; denn es geht, wie dargetan wurde, bei der Anwendung des Strafrechts nicht um die Bestärkung leider noch immer vorhandener atavistischer Vergeltungs- und Rachebedürfnisse, sondern um die Bestätigung der Verbindlichkeit der Ordnung trotz abweichenden Fehlverhaltens einzelner. Es geht also nicht um die „Abkopplung" des Schuldgrundsatzes vom Präventionsgesichtspunkt der dargelegten Art, sondern um die Bestimmung der Grenzen typisierender Be- und Entlassung bei der Stabilisierung verbindlicher Verhaltenserwartungen. Diese Grenzen lassen sich indes nicht allein und auch nicht vorrangig durch Eindringen in seinswissenschaftlich nicht aufdeckbare Freiheitsspielräume der Individuen feststellen.

In der abwägenden Zuschreibung schuldhaften Verhaltens wird auch in Zukunft die Grenzziehung jeweils mit Blick auf die erneute Beto-

---

[87] *Stratenwerth*, Schuldprinzip, S. 42.
[88] *Stratenwerth*, S. 32 f.
[89] *Stratenwerth*, S. 31.

nung der Selbstidentität, der Sicherung von Selbstdarstellungsmöglichkeiten und die Zurechnung objektivierten, generalisierten Sozialverhaltens geleistet werden müssen, wenn es überhaupt um die Frage geht, Verhalten durch ein normorientiertes Zweckprogramm zu stabilisieren.

Zusammenfassung

Als Ausgangspunkt seiner rechtstheoretischen Bemühungen wählt Merkel einen umfassenden sozialwissenschaftlichen Ansatz, von dem er die Ergänzung und Zusammenfassung derjenigen Wissenschaften erhofft, welche soziale Strukturverhältnisse rechtlicher, ethischer, religiöser oder wirtschaftlicher Art zum Gegenstand haben.

Seine wissenschaftstheoretische Position gewinnt er zunächst in Auseinandersetzung mit der „idealistischen Doktrin", die realen Faktoren logische Prinzipien von immer gleicher Geltung substituiere und damit die Frage, was geschehe, allzu schnell verknüpfe mit der Frage, was geschehen solle.

Die „realistisch" betriebene Wissenschaft kann nach Merkel die tatsächlichen Voraussetzungen von Werthaltungen freilegen und damit zu wachsender Selbsterkenntnis beitragen. Damit bezieht Merkel jedoch keine — wie oft unterstellt wird — unnachgiebige positivistische Erkenntnishaltung naturalistischer Spielart.

Wie gegen die Dogmatisierung von idealistischer Seite, so wendet er sich mit gleicher Heftigkeit gegen die doktrinäre Überbewertung der rein naturalistischen Erkenntnishaltung. Er betont demgegenüber die Selbständigkeit der Welt des Geistes, die Bedeutung der Einzelpersönlichkeit und lehnt jedes „Ausschließlichkeitsdenken" ab.

In der Evolutionstheorie Merkels wird diese Position dahin präzisiert, daß die Wissenschaft durch Analyse der tatsächlichen Interessengegensätze, die den Motor jeder Entwicklung bilden, den idealistischen Positionen sowie den utopischen Entwürfen des konstruierenden Verstandes gegenüber sich als „wahre Lichtbringerin" erweist, die den Schein zerstört, welcher die Urteile bis dahin gefangen hielt.

Merkel hat, dem Zeitgeist — geprägt durch die Spencersche Entwicklungstheorie — verhaftet, Fortschritt als Steigerung und Bereicherung des Lebens durch eine fortschreitende „Vervielfältigung seiner Formen" begriffen. Allerdings betont er gegen Spencer sowie die historische Schule, daß die „revolutionäre" Kraft der Wissenschaft durch Aussprechen dessen, was ist, hinreichend Gesichtspunkte liefere, die für eine „fortschrittliche Entwicklung" nützlich wären.

Prallelen zu Merkels antidogmatischem Wissenschaftskonzept sind im „kritischen Rationalismus" mit seiner Methodologie von Konstruktion und Kritik zu sehen. Nach der Idee der kritischen Prüfung gibt es keine Wahrheitsgarantie, sondern Ideen und Konzeptionen werden dem Risiko des Scheiterns ausgesetzt. Unser Denken und Handeln ist immer der Irrtumsmöglichkeit unterworfen.

Hauptantrieb der Bemühung um Fortschritt, die die Entwicklung vorantreibende Erkenntnis, ist die letztlich ungewisse, unberechenbare menschliche Individualität. Ein einheitlicher Maßstab indessen, der angibt, was als positiv zu bewertende Veränderung (Fortschritt) zu bezeichnen ist, läßt sich nicht angeben. Es gibt keine Sicherung gegen Irrtum und Mißlingen. Es bleibt die Aufgabe, der ständigen geistigen Auseinandersetzung, der Möglichkeit von Konstruktion und Kritik, den gesicherten institutionellen Rahmen zu geben.

Rechtsphilosophie und Rechtswissenschaft sind nach Merkel auf die Erforschung des Rechts in seinen realen Gründen und Beziehungen gerichtet. Die Rechtsphilosophie leistet die vollkommenste Ausformulierung innerhalb des Bereichs der Rechtswissenschaft. Sie ist deren allgemeinster Teil. Das geschichtliche Substrat des Rechts wird auf einen systematisch konzentrierten Begriff gebracht.

Damit etabliert sich die allgemeine Rechtslehre in Anlehnung an die analytische Forschungshaltung Austins als selbständiger Forschungszweig.

Das Recht, verankert in bestimmten sozialpsychologischen Bedingungen, wird auf seine typisierten Strukturen hin erforscht und durch Induktion eine begrifflich klare und umfassende Beschreibung geleistet. Das Recht als wirklichkeitsgestaltender Ordnungsfaktor unterliegt damit einer „funktionslogischen" Behandlung.

Die funktionale Betrachtung knüpft dabei im Gegensatz zu Luhmanns Methode der „funktionalen Äquivalenz" an ein empirisches, analytisches Wissenschaftskonzept an. Unter Funktion wird die mehr oder weniger wahrscheinliche Beziehung zwischen bestimmten Ursachen und bestimmten Wirkungen verstanden.

Diese funktionslogische Behandlung des Rechts bildet auch den Kern der Lehre von den sachlogischen Strukturen. Sie orientiert sich an anthropologischen und soziologischen Erkenntnissen über die Weise, in der allein für Menschen geschaffene Regelungen zu wirken vermögen.

Die Normen haben die Funktion, die Verhaltenserwartungen zu stabilisieren, die nach dem normativen Konsens in seiner historischen Aktualität das friedfertige Zusammenleben gewährleisten. Das Anknüpfen an Handlungs- und Motivationsfähigkeit ist dazu Bedingung.

Moderne Dogmatik leistet deshalb ähnlich wie Merkels allgemeine Rechtslehre nicht zirkuläre Systematisierung, sondern sie ist „Grenzwissenschaft", die die Erweiterung unseres Erfahrungswissens über Verhaltenssteuerung durch rechtliche Regelungen vorantreibt und kritisch aufarbeitet.

Das Recht — so folgert Merkel — ist dazu bestimmt, Mittel zum gesellschaftlich Zweckmäßigen zu sein. Es hat die Aufgabe, im Kampf der täglichen Interessenkonflikte Bereiche des Friedens herzustellen und für die Befriedigung gemeinsamer Interessen Spielraum zu schaffen. Das Recht erfüllt seine Aufgabe, indem es Auskunft gibt über die Grenzen individueller Betätigungsfreiheit und machtvoll die Beachtung der im Namen der Gerechtigkeit gezogenen Grenzen fordert und verbürgt.

Als Friedenspakt zeigt das Recht überall seine Kompromißnatur. Machtdifferenzen werden durch die Herausbildung neutraler Instanzen (rechtlicher Institutionen) nach Gerechtigkeitskriterien gelöst. Dabei richtet sich die Gerechtigkeit auf die Überprüfung nach ihrer tatsächlichen und ihrer moralischen Wahrheit. Das Recht ist als gerechte Ordnung von den moralischen Überzeugungen abhängig, die bei einem Volke vorherrschen. Der Gesetzgeber hat unparteiisch festzustellen, welches die herrschende Überzeugung ist, die zur bindenden Norm erhoben wird.

Gerechtigkeit zu erreichen, ist nicht der Zweck der Rechtsordnung; aber sie erfüllt den Zweck einer gesicherten Friedensordnung nur als eine gerechte, wenn sie nach Maßgabe der herrschenden Anschauungen jedem das Seine zuerkennt.

In der Beurteilung der Frage, ob es möglich ist, auf die jeweils im Namen der Gerechtigkeit erfolgende Machtentscheidung im Sinne einer fortschreitenden Entwicklung zum richtigen Recht positiv Einfluß zu nehmen, ist Merkel optimistisch.

Wenn Irrtum und Unwissenheit über die wahre Interessenlage ausgeräumt werden — so ist Merkel überzeugt —, läßt sich auch klarer zeigen, welche Entwicklung zu fördern und welche zu bekämpfen ist. Außerdem empfänden die Individuen die Interessen der Mitmenschen in immer stärkerem Maße als ihre eigenen; und es zeige sich, daß die Interessen immer weiterer Kreise in ein gegenseitiges Abhängigkeitsverhältnis voneinander und in eine gemeinsame Abhängigkeit von identischen Bedingungen zu bringen seien.

Die Entwicklung des Ethos sei auch optimistisch zu sehen; denn immer wieder hätten Persönlichkeiten sich von den Bedingungen ihrer Zeit gelöst und die Gerechtigkeitsvorstellungen positiv beeinflußt.

Das Recht setzt sich nach Festlegung der Grenzen machtvoll durch. Es gründet sich dabei auf die ethische Macht. Die verpflichtende Kraft der Rechtsvorschriften ist nur gegeben, sofern sie anerkannt sind und die moralischen Kräfte unserer Natur für sie tätig werden.

Die verpflichtende Kraft der Rechtsvorschriften — so Merkel — ist das Bündnis mit den im Volke lebenden moralischen Kräften. Die materielle Macht des Rechts, die die Einhaltung der Gebote erzwingt, ist demgegenüber sekundär.

Merkels Stellungnahme zum Kernthema jeglicher rechtsphilosophischen Bemühung — der Geltungsfrage — ist wesentlich differenzierter als seine grobrastige Einordnung, Positivist zu sein, vermuten läßt. Sein Ansatz unterscheidet sich wesentlich von den Konstruktionen der repräsentativen Theorien positivistischer Rechtslehre, nämlich der Reinen Rechtslehre und der analytischen Rechtstheorie.

Die Disparität von Sein und Sollen postulierend und „rein" durchhaltend, führt die Sollensableitung aus der Grundnorm bei Kelsen dazu, ein artifizielles Gedankenkonstrukt über jedwede wirkliche Ordnung zu stülpen. Das spezifische der „Rechtlichkeit" von Regelungen bleibt offen. Außerdem führt Kelsen die Wirksamkeit der Regelungen — verstanden als Befolgungs- oder Anwendungswirksamkeit mag dahinstehen — als Voraussetzung des Rechts ein. Recht ist dann nichts anderes als eine bestimmte Ordnung oder Organisation der Macht, für die die Ableitung aus der Grundnorm nichts bietet „als einen fachideologischen Überbau des Tatsächlichen".

In der Rechtstheorie Harts wird Recht bestimmt als regelgeleitetes System jedweder gesellschaftlichen Ordnung, sofern die Sicherung des Überlebens, wenn auch im äußersten Fall nur einiger weniger Menschen, intendiert ist. Damit klärt die Rechtstheorie als rein deskriptive Wissenschaft lediglich, unter welchen Minimalbedingungen menschliche Ordnung sich machtvoll etablieren kann. Die moralische Bewertung jeder faktischen Ordnung wird der Ethik und der Rechtspolitik vorbehalten.

Hart kann aber das Herausdrängen ethischer Kategorien aus dem Bereich des Rechts nicht exakt durchhalten. Zwar erklärt er den Mindestinhalt des Naturrechts, die Regelgeleitetheit des „moralischen" Menschen, als kontingente Tatsache; doch wirkt die strenge Disjunktion von rein deskriptiver Erfassung und normativer Bewertung artifiziell. Wenn die Menschheit die Anforderung „Du sollst nicht töten!" als überindividuellen Wertanruf erfährt und daran festhalten will, wird die partielle Übereinstimmung in Fragen der sittlichen wie rechtlichen Ordnungsschemata deutlich.

Die Auffassung der analytischen Theorie, durch die Reinigung des Rechtsbegriffs von normativen Hinsichten könnten sich die Konturen von sittlich verpflichtendem und nichtverpflichtendem Recht schärfer ergeben, ist fragwürdig.

Der an dem Gebrauch der Alltagssprache orientierte analytische Rechtstheoretiker sollte die perplexe Verwendung des Pflichtbegriffs sehen; denn es entspricht sicher nicht tatsächlichem Verständnis sowohl des Rechtsunterworfenen wie des Rechtsanwenders, das Recht dem ständigen Verdacht der sittlichen Beliebigkeit ausgesetzt zu sehen.

Die Frage, wie die Pflicht sich vom Zwang und der nackten Gewalt unterscheidet, ist von Welzel, im Anschluß an Merkel, dann auch weiter geklärt worden. Über die Verbindung des Rechts mit dem wirklichen sittlichen Leben eines Volkes, die für die Effektivität des Rechts unabdingbar ist, stellt sich für das Geltungsproblem die Frage nach der Legitimität. Warum soll das Recht, das in einem Staat positive Geltung erlangt hat, auch von denen befolgt werden, die ihm nicht zustimmen?

Erkenntnistheoretisch bleibt jedenfalls das Dilemma, daß über den Inhalt der „richtigen" Sollensanforderungen stringente Aussagen nicht zu treffen sind. Merkels Hinweis, aus der erklärten Entwicklungstendenz auf das Sollen zu schließen, bringt ebenso wenig Sicherheit, wie das Modell der kompetenten Moralbeurteilung nach Rawls. Wenn der archimedische Punkt zur Beurteilung praktischer Werte und „richtiger" Sozialentwürfe nicht gefunden ist, dann bleibt nur die unabdingbare Suche auf dem Weg zur Wahrheit. Dies bedingt die institutionelle Absicherung des nie endenden geistigen Ringens um die richtige Gestaltung des Gemeinwesens. Die Legitimität des positiven Rechts einer Gemeinschaft ist um so eher gewährleistet, je sicherer die Voraussetzungen für die Beteiligungsfreiheit und beständige Mitwirkung am Entscheidungsprozeß der je erfolgenden Auseinandersetzung um den richtigen Entwurf sind.

Bei institutioneller Garantie für die geistige Auseinandersetzung ergibt sich die Verbindlichkeit der Mehrheitsmeinung auch für den Nonkonformisten aus der Einsicht, daß deren Anerkennung Bedingung dafür ist, daß seine Auffassung sich auf eine Weise durchsetzen kann, die gewaltsame Oktroyierung und Vernichtung durch Menschen ausschließt.

Nach Merkel sind die Rechtsbestimmungen einerseits Lehre vom gesellschaftlich Zweckmäßigen und Gerechten, andererseits sind sie Willens- und Machtäußerungen. Diesen Bestimmungen entspricht die Struktur des Rechtssatzes. Die primäre Bestimmung legt die Grenzen fest, die einzuhalten sind, wenn man rechtens handeln will; die sekundären Bestimmungen legen die Folgen für widersprechendes Verhalten fest.

Merkel lehnt im übrigen unter Hinweis auf Kompetenz- und Dispositionsregelungen den Imperativenmonismus ab. Im traditionellen Zusammenhang mit der imperativen Theorie behandelt Merkel auch das Adressatenproblem und betont, daß sich das Recht nicht an Unzurechnungsfähige wende; denn augenscheinlich habe es keinen Sinn, Befehle an jemanden zu richten, der sie weder verstehen noch befolgen könne.

Das Sachproblem des sogenannten Adressatenproblems, die Konkretisierung der Norm zur Pflicht, wird von Merkel zwar angegangen, aber die Lösung ist wegen seiner pauschalen Subjektivierung des Unrechts noch zu grobmaschig. Die notwendige Beziehung des Verhaltensunrechts auf die Frage der Motivierbarkeit durch die Norm, die Abschichtung von Handlungsfähigkeit und Motivationsfähigkeit war späteren Einsichten der personalen Unrechtslehre vorbehalten.

Im Bereich des Strafrechts, das ein ergänzendes Mittel ist, die zuvor bestimmte friedensstiftende Aufgabe zu erfüllen, beschäftigt sich Merkel mit der strafbaren Handlung und der Strafe.

Die strafbare Handlung ist Interessen-, Rechts- und Pflichtverletzung. Die tatsächlichen moralischen Verhaltenserwartungen, die in den moralischen Überzeugungen bei einem Volk bestehenden sittlichen Anforderungen, gehen in den Pflichtbegriff mit ein. Die strafrechtliche Zurechnung gründet deshalb wesentlich in dem pflichtwidrigen Willensverhalten einer Person. Sie bringt zum Ausdruck, daß ein mißbilligter Vorgang auf eine bestimmte Person als deren Werk zurückzuführen ist, und daß der negative Wert dem Täter entsprechend den herrschenden Wertanschauungen auf Rechnung gesetzt wird. Schuld — als das pflichtwidrige Wirken oder Nichtwirken einer Person — wird in Abgrenzung zu den Vertretern der „klassischen" wie der „modernen" Schule erklärt als die Macht einer Individualität, ihrer Eigentümlichkeit gemäß wirksam zu werden. Schuld ist Wirksamkeit nach eigenem Maß, ist gebunden an die Identifikationsleistung des einzelnen, der im Einklang mit sich seine Kräfte, die sich in seinem Charakter aussprechen, betätigt.

Eine gleichermaßen vermittelnde Position nimmt Merkel zu den Straftheorien ein. Vergeltungs- und Zweckstrafe schließen sich keineswegs aus. Die Vergeltung, das „auf Rechnung setzen" von Taten folgt der Zweckbestimmung, Gegenwirkungen gegen die durch das Verbrechen hervorgerufene Erschütterung des Normvertrauens auszulösen. Die staatliche Vergeltung hat ihren Grund im Interesse des Vergeltenden an der Aufrechterhaltung der Herrschaft der von ihm begründeten Ordnung und ihr Maß in der Bedeutung der Übeltaten für diese Aufrechterhaltung, wie sie in den herrschenden Anschauungen sich spiegelt.

Merkels Unrechtslehre — mit der Identifizierung von Unrecht und Schuld — stellt den Anfang des Subjektivismus in der Bestimmung von Recht und Unrecht dar. Zu diesen Anfängen scheinen heute einige zurückzuwollen, nachdem über das Verschwinden der „Subjektivität", dem Aufspüren einzelner subjektiver Unrechtselemente, Welzel das Konzept eines täterbezogenen, personalen Handlungsunrechts entwickelt hat.

Es läßt sich indessen zeigen, daß die schon bei Merkel getroffene sachliche Differenzierung zwischen dem „farblosen" Vorsatz, der sich auf die Verwirklichung der äußeren Tatbestandsmerkmale bezieht, und dem Unrechtsbewußtsein, dem Bewußtsein der Pflichtwidrigkeit, richtungsweisend ist. Die Einheitslösung, die eine Trennung von Unrecht und Schuld für unzulässig erklärt, ist selbst — für den Fall, daß am Konzept der Internalisierung von Werthaltungen durch Normen und Ahndung von Normverstößen festgehalten wird — an die Einsicht gebunden, daß der Motivationsvorgang, bestimmten Verhaltenserwartungen zu entsprechen, die Beschreibung der Verhaltensmuster, die es zu befolgen gilt, voraussetzt. Die Umschreibung der Rechtspflicht, die Objekt des Erkennens und darüber zur Auslösebedingung für normgemäßes Verhalten wird, liegt immer schon vor dem Erkenntnisvorgang fest.

Auf dem Weg einer Materialisierung des Schuldvorwurfs, der Bestimmung seiner Funktion im Zweckprogramm des Strafens, ist Merkel weit vorangeschritten.

Nachdem feststeht, daß ein stringentes Urteil über die tatsächliche Freiheit des Täters zu sinngemäßer Selbstbestimmung nicht gefällt werden kann, sind generalpräventive Zweckbestimmung der Strafe — Verhaltensstabilisierung durch Einüben in Rechtstreue — und Schuldzuschreibung in der Entwicklung der Straftheorie stufenweise aufeinander bezogen worden bis zu der zugespitzten These: Nur der Zweck gibt der Schuld Inhalt.

Merkel hat die Schuldzuschreibung als Identitätsproblem des einzelnen entdeckt, in das die normativen Erwartungen der Gesellschaft eingegangen sind. Schuld ist Fehlgebrauch eines Könnens, das wir uns selbst und anderen zuschreiben. Festhalten am Schuldkonzept und Einüben in Rechtstreue über sanktionsbewehrte Normensysteme sind interdependent. Moralische wie rechtliche Mißbilligung haben verhaltensleitende Funktion und setzen nichts anderes voraus, als Offenheit menschlicher Handlungsvollzüge im Zusammenspiel von Selbstdarstellung und Rollenerwartung. Die Entscheidung für die vielfältige Möglichkeit der Selbstdarstellung, der Festigung „personaler Identität" trotz angesonnener „sozialer Identität", die Entscheidung gegen eine

Theorie der totalen Manipulation sowie gegen die Fundierung absolut fixierbarer Lebenspläne, zieht das Festhalten am Konzept der Verantwortungsfähigkeit nach sich.

So kann gleichzeitig an der durch Konsens ermittelten Verhaltenserwartung, den verhaltensleitenden Wertvorstellungen über gutes und böses Verhalten, wie an der Vorstellung über die Offenheit der Zukunft, in der der einzelne seinen Part spielt, festgehalten werden. Die Möglichkeit, die allgemeinen Erwartungen mit unseren individuellen Interpretationen und Entwürfen zu konfrontieren, gibt uns die Erfahrung der „Offenheit" und die Vorstellung selbstgetragener und damit verantwortbarer Entscheidung. Bestätigung und Absicherung eines solchen Konzepts halten daran fest, abweichendes Verhalten der Person auf Rechnung zu setzen, ohne daß das Eindringen in die „Tiefenschicht" der Person uns der totalen „Machbarkeit" ausliefert, oder wir der „Freiheit" sachgesetzlich notwendig habhaft werden.

Literaturverzeichnis

(In den Anmerkungen werden die nachstehend aufgeführten Werke z. T. mit gekürztem Titel zitiert)

Achenbach, Hans: Historische und dogmatische Grundlagen der strafrechtssystematischen Schuldlehre, Berlin 1974.

Adams, Alfons: Die Lehre von Verbrechen und Strafe im System Adolf Merkels, Bonner Dissertation 1929.

Adorno, Theodor W.: Negative Dialektik, Frankfurt 1966.

Adorno, Theodor W., u. a. (Hrsg.): Der Positivismusstreit in der deutschen Soziologie, Neuwied 1972.

Albert, Hans: Aspekte eines modernen Kritizismus, in: Soziologie zwischen Theorie und Empirie (hrsg. v, Hochkeppel, Willy), S. 83 ff., München 1977.

— Plädoyer für kritischen Rationalismus, 2. Auflage, München 1972.

— Theorie und Praxis, in: Werturteilsstreit (hrsg. v. Albert, Hans; Topitsch, Ernst), S. 200 ff., Darmstadt 1971.

— Traktat über kritische Vernunft, 2. Auflage, Tübingen 1969.

— Traktat über rationale Praxis, Tübingen 1978.

Apel, Karl Otto, u. a. (Hrsg.): Hermeneutik und Ideologiekritik, Frankfurt 1977.

Apel, Karl Otto: Szientistik, Hermeneutik, Ideologiekritik, in: Transformation der Philosophie, (hrsg. v. Apel, Karl Otto), Bd. II, S. 96 ff., Frankfurt 1973.

— Wissenschaft als Emanzipation? in: Zeitschrift für allgemeine Wissenschaftstheorie 1970, S. 173 ff.

Austin, John: The Province of Jurisprudence Determined and the Uses of the study of Jurisprudence, ed. by H. L. A. Hart, London 1954.

Barth, Karl: Die Rechtslehre Adolf Merkels, Tübinger Dissertation 1956.

Bergbohm, Karl: Jurisprudenz und Rechtsphilosophie, Bd. I, Das Naturrecht der Gegenwart, Leipzig 1892.

Berolzheimer, Fritz: System der Rechts- und Wirtschaftsphilosophie, Bd. II, Die Kulturstufen der Rechts- und Wirtschaftsphilosophie, Neudruck der Ausgabe München 1905, Aalen 1963.

Bierling, Ernst Rudolf: Juristische Prinzipienlehre, Bd. I, II, III, Freiburg 1894, Tübingen 1898, 1905.

Binding, Karl: Die Normen und ihre Übertretung, Bd. I, Normen und Strafgesetze, Leipzig 1922.

Blumer, Herbert: Der methodologische Standort des symbolischen Interaktionismus, in: Alltagswissen, Interaktion und gesellschaftliche Wirklichkeit, Bd. I, Symbolischer Interaktionismus und Ethnomethodologie, (hrsg. v. Arbeitsgruppe Bielefelder Soziologen), Hamburg 1973.

Böhler, Dietrich: Rechtstheorie als kritische Reflexion. Beiträge zur Grundlagendiskussion, in: Rechtstheorie, (hrsg. v. Jahr, Günther; Maihofer, Werner), S. 62 ff., Frankfurt 1971.

Budd, William, C.: Behaviour Modification, New York 1973.

Burck, Erich: Die Idee des Fortschritts, Tübingen 1965.

Burkhardt, Björn: Das Zweckmoment im Schuldbegriff, in: GA 1976, S. 321 ff.

Del Vecchio, Giorgio: Lehrbuch der Rechtsphilosophie, 2. Auflage, Basel 1951.

Dreier, Rudolf: Sein und Sollen, in: JZ 1972, S. 329 ff.
— Was ist und wozu Allgemeine Rechtstheorie? Tübingen 1975.
— Zum Begriff der „Natur der Sache", Berlin 1965.

Dreitzel, Hans-Peter (Hrsg.): Sozialer Wandel, 2. Auflage, Neuwied 1972.

Eckmann, Horst: Rechtspositivismus und sprachanalytische Philosophie, Berlin 1969.

Engisch, Karl: Einführung in das juristische Denken, 5. Auflage, Stuttgart 1971.
— Die Lehre von der Willensfreiheit in der strafrechtsphilosophischen Doktrin der Gegenwart, 2. Auflage, Berlin 1965.
— Zur Natur der Sache im Strafrecht, in: Die ontologische Begründung des Rechts (hrsg. v. Kaufmann, Arthur), S. 204 ff., Bad Homburg 1965.
— Auf der Suche nach der Gerechtigkeit, München 1971.

Esser, Josef: Vorverständnis und Methodenwahl in der Rechtsfindung, Frankfurt 1970.

Esser, H.; *Klenovitz*, K.; *Zehnpfennig*, H.: Wissenschaftstheorie in 2 Bänden, Stuttgart 1977.

Fischer, Hans-Albert: Die Rechtswidrigkeit mit besonderer Berücksichtigung des Privatrechts, München 1911.

Friedmann, Georges: Le Progrès: dignité ou déchéance, liberté ou servitude, in: Frankfurter Beiträge zur Soziologie, Bd. I: Sociologica, (hrsg. v. Adorno, Th. W. und Dirks, Walter), Frankfurt 1955.

Garzón Valdés, Ernesto: Modelle normativer Geltung, in: Rechtstheorie, Bd. 8, 1977, S. 41 ff.

Geiger, Theodor: Vorstudien einer Soziologie des Rechts, Kopenhagen 1947.

Ginsberg, Morris: Evolution and Progress, Essays in Sociology and Social Philosophy, London 1961.
— The Idea of Progress: A Revaluation, London 1953.
— Das Problem einer soziologischen Entwicklungstheorie, in: Sozialer Wandel, (hrsg. v. Dreitzel, Hans-Peter), Neuwied 1972.

Girtler, Roland: Rechtssoziologie — Thesen und Möglichkeiten, München 1976.

Goffman, Erving: Das Individuum im öffentlichen Austausch, Frankfurt 1974.
— Interaktionsrituale, Frankfurt 1971.

Grimm, Dieter: Rechtswissenschaft und Nachbarwissenschaften, Bd. I, Soziologie, Politik, Verwaltungswirtschaft, Psychologie, Kriminologie, München 1976.

Grünwald, Gerald: Zur Kritik der Lehre vom überpositiven Recht, Bonn 1971.

Habermas, Jürgen: Erkenntnis und Interesse, 1. Auflage, Frankfurt 1968.
— Gegen einen positivistisch halbierten Rationalismus, in: Der Positivismusstreit in der Soziologie (hrsg. v. Adorno u. a.), S. 235 ff., Neuwied 1972.
— Theorie der Gesellschaft oder Sozialtechnologie? in: Theorie der Gesellschaft oder Sozialtechnologie (hrsg. v. Habermas, Jürgen, u. a.), S. 142 ff., Frankfurt 1971.
— Theorie und Praxis, Neuwied 1963.

Haddenbrock, Siegfried: Freiheit und Unfreiheit der Menschen im Aspekt der forensischen Psychiatrie, in: JZ 1969, S. 121 ff.
— Strafrechtliche Handlungsfähigkeit und „Schuldfähigkeit" (Verantwortlichkeit), in: Göppinger—Witter, Handbuch der forensischen Psychiatrie I, München 1972.

Haffke, Bernhard: Tiefenpsychologie und Generalprävention, Aarau 1976.

Häring, Bernhard: Ethik der Manipulation, Köln 1977.

Hart, H. L. A.: Der Begriff des Rechts, Frankfurt 1973.
— The Concept of Law, Oxford 1961.
— Recht und Moral, Göttingen 1971.

Hartmann, Nicolai: Ethik, 3. Auflage, Berlin 1949.

Hassemer, Winfried: Theorie und Soziologie des Verbrechens, Frankfurt 1973.

Haym, Rudolf: Hegel und seine Zeit, Berlin 1857, (Neudruck Hildesheim 1962).

Hegel, G. W. F.: Sämtliche Werke, Bd. VII, Grundlinien der Philosophie des Rechts (hrsg. v. Glockner, Hermann), Stuttgart 1952.

Henkel, Heinrich: Die Selbstbestimmung des Menschen als rechtsphilosophisches Problem, in: Festschrift für Larenz, Karl, S. 3 ff., München 1973.

Hochkeppel, Willy (Hrsg.): Soziologie zwischen Theorie und Empirie, München 1970.

Hoerster, Norbert: Besprechung von Hart, H. L. A., Der Begriff des Rechts, in: JZ 1975, S. 252 ff.
— Einleitung zu Hart, H. L. A., Recht und Moral, Göttingen 1971.
— Grundthesen analytischer Rechtstheorie, in: Jahrbuch für Rechtssoziologie und Rechtstheorie, Bd. 2, 1972, S. 115 ff.
— John Rawls Kohärenztheorie der Normbegründung, in: Über John Rawls' Theorie der Gerechtigkeit (hrsg. v. Höffe, Otfried), S. 57 ff., Frankfurt 1977.

Hofmann, Hasso: Legitimität und Rechtsgeltung, Berlin 1977.

Hold v. Ferneck, Alexander: Die Rechtswidrigkeit. Eine Untersuchung zu den allgemeinen Lehren des Strafrechts, Band I, Jena 1903.

Holzhauer, Heinz: Willensfreiheit und Strafe, Berlin 1970.

Horkheimer, Max: Kritische Theorie, (hrsg. v. Schmidt, Alfred), 2 Bände, Frankfurt 1968.

Horn, Eckhard: Konkrete Gefährdungsdelikte, Köln 1973.

Hugo, Gustav: Lehrbuch des Naturrechts als einer Philosophie des positiven Rechts, besonders des Privatrechts, 4. Auflage, Berlin 1819.

Husserl, Edmund: Logische Untersuchungen (Husserliana Bd. XVIII), 1. Band, Prolegomena zur reinen Logik, Den Haag 1975.

Jakobs, Günter: Schuld und Prävention, Tübingen 1976.

— Studien zum fahrlässigen Erfolgsdelikt, Berlin 1972.

Jescheck, Hans-Heinrich: Lehrbuch des Strafrechts, Allgemeiner Teil, 3. Auflage, Berlin 1978.

Kaufmann, Armin: Dogmatik der Unterlassungsdelikte, Göttingen 1959.

— Lebendiges und Totes in Bindings Normentheorie, Göttingen 1954.

— Probleme des rechtswissenschaftlichen Erkennens am Beispiel des Strafrechts, in: Universitätstage 1962, S. 145 ff., Berlin 1962.

— Zum Stande der Lehre vom personalen Unrecht, in: Festschrift für Hans Welzel, S. 393 ff., Berlin—New York 1974.

— Das Transpositive im positiven Recht, in: Der katholische Gedake, Band 23 1967, S. 1 ff.

Kaufmann, Arthur; *Hassemer,* Winfried (Hrsg.): Einführung in die Rechtsphilosophie und Rechtstheorie der Gegenwart, Karlsruhe 1977.

Kaufmann, Arthur: Das Schuldprinzip, 2. Auflage, Heidelberg 1976.

Kaufmann, Erich: Kritik der neukantianischen Rechtsphilosophie — eine Betrachtung über die Beziehungen zwischen Philosophie und Rechtswissenschaft, in: Rechtsidee und Recht, Band III, S. 176 ff. (hrsg. v. Kaufmann, Erich), Göttingen 1960.

Kelsen, Hans: Zum Begriff der Norm, in: Festschrift für H. L. Nipperdey, S. 57 ff., München 1965.

— Hauptprobleme der Staatsrechtslehre, entwickelt aus der Lehre vom Rechtssatze, Tübingen 1911.

— Prolegomena einer Theorie des rechtlichen Stufenbaus, in: WRS, Bd. II, Wien 1968.

— Reine Rechtslehre, 1. Auflage, Wien 1934.

— Reine Rechtslehre, 2. Auflage, Wien 1960.

— Der soziologische und juristische Staatsbegriff, Tübingen 1922.

— Was ist juristischer Positivismus? in: WRS, Bd. I, S. 941 ff., Wien 1968.

Kohlrausch, Eduard: Über deskriptive und normative Elemente im Vergeltungsbegriff des Strafrechts, in: Zur Erinnerung an Immanuel Kant, Halle a. S. 1904, S. 267 ff.

— Irrtum und Schuldbegriff im Strafrecht, I. Teil, Berlin 1903.

Kolakowski, Leszek: Die Philosophie des Positivismus, München 1971.

Kriele, Martin: Theorie der Rechtsgewinnung, 2. Auflage, Berlin 1967.

Krümpelmann, Justus: Die Neugestaltung der Vorschriften über die Schuldfähigkeit durch das Zweite Strafrechtsreformgesetz vom 4. 9. 1969, in: ZStW Bd. 88 (1976), S. 6 ff.

Kunz, Karl-Ludwig: Die analytische Rechtstheorie, Berlin 1977.

Lampe, Ernst-Joachim: Das personale Unrecht, Schriften zum Strafrecht, Bd. 7, Berlin 1967.

Lautmann, Rüdiger: Soziologie vor den Toren der Jurisprudenz, Stuttgart 1971.

Lenk, Kurt: Ideologie, Ideologiekritik und Wissenssoziologie, Neuwied 1971.

Liepmann, Moritz: Die Bedeutung Adolf Merkels für Strafrecht und Rechtsphilosophie, in: ZStW Bd. 17 (1897), S. 638 ff.

— Einleitung zu: Merkel, Adolf, Verbrechen und Strafe, Stuttgart 1912.

Löwenhaupt, Wilfried: Politischer Utilitarismus und bürgerliches Rechtsdenken, Berlin 1972.

Loos, Fritz: Zur Wert- und Rechtslehre Max Webers, Tübingen 1970.

Luhmann, Niklas: Funktion und Kausalität, in: Soziologische Aufklärung, Köln 1970, S. 9 ff.

— Legitimation durch Verfahren, Neuwied 1969.

— Funktionale Methode und juristische Entscheidung, in: AöR, Bd. 94 (1969), S. 1 ff.

— Funktionale Methode und Systemtheorie, in: Soziologische Aufklärung, Köln 1970, S. 31 ff.

— Positives Recht und Ideologie, in: ARSP, Bd. 53 (1967), S. 531 ff.

— Rechtssoziologie, 2 Bände, Hamburg 1972.

McCall, George und *Simmons,* I. L.: Identität und Interaktion, Düsseldorf 1974.

Maihofer, Werner: Die gesellschaftliche Funktion des Rechts, in: Jahrbuch für Rechtssoziologie und Rechtstheorie, Bd. I (1970), S. 11 ff.

— Ideologie und Naturrecht, in: Ideologie und Recht (hrsg. v. Maihofer, Werner), Frankfurt 1969, S. 121 ff.

— Realistische Jurisprudenz, in: Rechtstheorie — Beiträge zur Grundlagendiskussion (hrsg. v. Jahr, Günther; Maihofer, Werner), Frankfurt 1971, S. 427 ff.

— Recht und Sein, Frankfurt 1954.

— Rechtstheorie als Basisdisziplin der Jurisprudenz, in: Jahrbuch für Rechtssoziologie und Rechtstheorie, Band 2 (1972), S. 51 ff.

Maurach, Reinhart: Deutsches Strafrecht, Allgemeiner Teil, 4. Auflage, Karlsruhe 1971.

Mead, George Herbert: Geist, Identität, Gesellschaft, Frankfurt 1968.

Merkel, Adolf: Fragmente zur Sozialwissenschaft, Straßburg 1898.

— Gesammelte Abhandlungen aus dem Gebiet der allgemeinen Rechtslehre und des Strafrechts (abgekürzt: Ges. Abh.), Straßburg 1899.

— Juristische Enzyklopädie, 5. Auflage, Berlin 1913.

— Kriminalistische Abhandlungen (Nachdruck der 1867 in Leipzig erschienenen Ausgabe), Glashütten i. T. 1971.

— Lehrbuch des deutschen Strafrechts, Stuttgart 1889.

— Die Lehre von Verbrechen und Strafe. Auf der Grundlage des „Lehrbuchs des deutschen Strafrechts" in Verbindung mit den übrigen Schriften des Verfassers, herausgegeben und mit einer Einleitung versehen von Liepmann, Moritz, Stuttgart 1912.

Merkel, Adolf: Besprechung von Bergbohm, in: Ges. Abh., S. 727 ff., Straßburg 1899.
— Besprechung von Bierling „Zur Kritik der juristischen Grundbegriffe", in: Ges. Abh., S. 481 ff., Straßburg 1899.
— Besprechung von L. Gumplowicz, „Rechtsstaat und Sozialismus", in: Ges. Abh., S. 473 ff., Straßburg 1899.
— Besprechung von L. Gumplowicz „Soziologie und Politik", in: Ges. Abh., S. 724 ff., Straßburg 1899.
— Besprechung von Schuppe „Der Begriff des subjektiven Rechts", in: Ges. Abh., S. 537 ff., Straßburg 1899.
— Elemente der allgemeinen Rechtslehre, in: Ges. Abh., S. 577 ff., Straßburg 1899.
— Recht und Macht, in: Ges. Abh., S. 400 ff., Straßburg 1899.
— Rechtliche Verantwortlichkeit, in: Ges. Abh., S. 873 ff., Straßburg 1899.
— Rechtsnorm und subjektives Recht mit Beziehung auf das gleichnamige Werk von A. Thon, in: Ges. Abh., S. 373 ff., Straßburg 1899.
— Rechtsphilosophie, in: Die deutschen Universitäten (hrsg. v. Lexis, W.), S. 406 ff., Berlin 1893.
— Rudolph von Ihering, in: Ges. Abh., S. 733 ff., Straßburg 1899.
— Über Akkreszenz und Dekreszenz des Strafrechts und deren Bedingungen, in: Ges. Abh., S. 269 ff.; Straßburg 1899.
— Über „das gemeine deutsche Strafrecht" von Hälschner und den Idealismus in der Strafrechtswissenschaft, in: Ges. Abh., S. 429 ff., Straßburg 1899.
— Über das Verhältnis der Rechtsphilosophie zur „positiven" Rechtswissenschaft und zum allgemeinen Teil derselbe, in: Ges. Abh., S. 291 ff., Straßburg 1899.
— Übersicht über die Geschichte der Rechts- und Staatsphilosophie von Dr. A. Geyer. Durchgesehen und ergänzt von Merkel, in: Enzyklopädie der Rechtswissenschaft (hrsg. v. Holtzendorff), S. 45 ff., 5. Aufl., Leipzig 1890.
— Vergeltungsidee und Zweckgedanke im Strafrecht, in: Ges. Abh., S. 687 ff., Straßburg 1899.
Merkl, Adolf: Das doppelte Rechtsantlitz, in: Die Wiener rechtstheoretische Schule, Bd. I, S. 1091 ff. (hrsg. v. Klecatsky, Hans; Marcic, René; Schambeck, Herbert).
— Prolegomena einer Theorie des rechtlichen Stufenbaus, in: Die Wiener rechtstheoretische Schule, Bd. I, S. 1311 ff. (hrsg. v. Klecatsky, Hans; Marcic, René; Schambeck, Herbert).
Mezger, Edmund: Die subjektiven Unrechtselemente, in: GS Bd. 89 (1924), S. 207 ff.
Michaelowa, Klaus: Der Begriff der strafrechtswidrigen Handlung, Berlin 1968.
Moos, Reinhard: Der Verbrechensbegriff in Österreich im 18. und 19. Jahrhundert, Bonn 1968.
Nagler, Johannes: Der heutige Stand der Lehre von der Rechtswidrigkeit, Sonderdruck aus: Festschrift für Karl Binding, Bd. II, Leipzig 1911.
— Die Strafe (Sonderdruck der Ausgabe Leipzig 1918), Aalen 1970.

Naucke, Wolfgang: Über die juristische Relevanz der Sozialwissenschaften, Frankfurt 1972.

Nelson, Leonard: Gesammelte Schriften in neun Bänden (hrsg. v. Barnays, Paul; Eichler, Willi, u. a.), Hamburg 1970 und folgende Jahre.

Opp, Karl-Dieter: Soziologie im Recht, Hamburg 1973.

Ott, Walter: Der Rechtspositivismus, Berlin 1976.

Otto, Harro: Personales Unrecht, Schuld und Strafe, in: ZStW Bd. 87 (1975), S. 539 ff.

Podlech, Adalbert: Wertentscheidungen und Konsens, in: Rechtsgeltung und Konsens (hrsg. v. Jakobs, Günter), S. 9 ff., Berlin 1976.

— Wertungen und Werte im Recht, in: AöR, Bd. 95 (1970), S. 185 ff.

Popper, Karl R.: Das Elend des Historizismus, 3. Auflage, Tübingen 1971.

— Die offene Gesellschaft und ihre Feinde, 1. Band: Der Zauber Platons, 2. Band: Falsche Propheten, Bern 1957/58.

Radbruch, Gustav: Die Natur der Sache als juristische Denkform, Darmstadt 1960.

— Rechtsphilosophie, 5. Auflage, Stuttgart 1956.

Raiser, Konrad: Identität und Sozialität, München 1971.

Rawls, John: Ein Entscheidungsverfahren für die normative Ethik, in: Texte zur Ethik (hrsg. v. Hoerster, Norbert; Birnbacher, Dieter), München 1976.

— Eine Theorie der Gerechtigkeit, Frankfurt 1975.

Rickert, Heinrich: System der Philosophie, 1. Teil: Allgemeine Grundlegung der Philosophie, Tübingen 1921.

Rottleuthner, Hubert: Rechtswissenschaft als Sozialwissenschaft, Frankfurt 1973.

Roxin, Claus: Ein „neues Bild" des Strafrechtssystems, in: ZStW Bd. 83 (1971), S. 369 ff.

— „Schuld" und „Verantwortlichkeit", in: Festschrift für Henkel, Heinrich, S. 171 ff., Berlin 1974.

Rudolphi, Hans-Joachim, u. a. (Hrsg): Strafgesetzbuch (Systematischer Kommentar), Bd. I, 2. Auflage, Frankfurt 1977.

Rudolphi, Hans-Joachim: Unrechtsbewußtsein, Verbotsirrtum und Vermeidbarkeit des Verbotsirrtums, Göttingen 1969.

Rüping, Hinrich; *Dornseifer*, Gerhard: Dysfunktionales Verhalten im Prozeß, in: JZ 1977, 417 ff.

Ryffel, Hans: Grundprobleme der Rechts- und Staatsphilosophie, Neuwied 1969.

— Rechtssoziologie, Neuwied 1974.

Savigny, v., F. E.: Über den Zweck dieser Zeitschrift, in: Zeitschrift für geschichtliche Rechtswissenschaft, Bd. I, S. 1 ff., Berlin 1815.

Scheuner, Ulrich: Konsens und Pluralismus als verfassungsrechtliches Problem, in: Rechtsgeltung und Konsens (hrsg. v. Jakobs, Günter), S. 33 ff., Berlin 1976.

Schmidhäuser, Eberhard: Strafrecht, Allgemeiner Teil, Tübingen 1970.

Schmitz, Hermann: System der Philosophie, 3. Band, Der Raum, 3. Teil, Der Rechtsraum, Bonn 1973.

Schönfeld, Walter: Grundlegung der Rechtswissenschaft, Stuttgart 1951.

Schreiber, Hans-Ludwig: Der Begriff der Rechtspflicht, Berlin 1966.

— Was heißt heute strafrechtliche Schuld und wie kann der Psychiater bei ihrer Feststellung mitwirken? in: Der Nervenarzt, 1977, S. 242 ff.

Skinner, B. F.: Beyond Freedom and Dignity, New York 1971.

Spencer, Herbert: Einleitung in das Studium der Soziologie, Leipzig 1875.

— Die Evolutionstheorie, in: Sozialer Wandel, S. 121 ff. (hrsg. v. Dreitzel, Hans-Peter), 2. Auflage, Neuwied 1972.

— Prinzipien der Ethik, 1. Auflage, Stuttgart 1892—1902.

— Die Prinzipien der Soziologie, Stuttgart 1877—1897.

Stegmüller, Wolfgang: Hauptströmungen der Gegenwartsphilosophie, 6. Auflage, Stuttgart 1976.

— Probleme und Resultate der Wissenschaftstheorie und analytischen Philosophie, Bd. I, Wissenschaftliche Erklärung und Begründung, Berlin 1974.

Stratenwerth, Günter: Das rechtstheoretische Problem der Natur der Sache, Tübingen 1957.

— Strafrecht, Allgemeiner Teil, 2. Auflage, Köln 1977.

— Tatschuld und Strafzumessung, Tübingen 1972.

— Verantwortung und Gehorsam, Tübingen 1958.

— Die Zukunft des strafrechtlichen Schuldprinzips, Karlsruhe 1977.

Strömholm, Stig: Allgemeine Rechtslehre, Göttingen 1976.

Thomae, Hans: Konflikt, Entscheidung, Verantwortung, Stuttgart 1974.

Thon, August: Rechtsnorm und subjektives Recht, Weimar 1887.

Tjong, Zuog Uk: Der Ursprung und die philosophische Grundlage der Lehre von den „sachlogischen Strukturen" im Strafrecht, in: ARSP Bd. 54 (1968), S. 411 ff.

Topitsch, Ernst (Hrsg.): Logik der Sozialwissenschaften, 2. Auflage, Köln 1965.

Verdross, Alfred: Abendländische Rechtsphilosophie, 2. Auflage, Wien 1963.

Walter, Robert: Der gegenwärtige Stand der Reinen Rechtslehre, in: Rechtstheorie, Bd. I 1970, S. 69 ff.

Wassermann, Rudolf: Zur Genealogie des Entwicklungsbegriffs der Sozial- und Rechtsphilosophie, in: ARSP, Bd. III, 1909/10, S. 53 ff., 182 ff., 363 ff.

Weber, Max: Gesammelte Aufsätze zur Wissenschaftslehre (hrsg. v. Winkelmann, Johannes), 4. Auflage, Tübingen 1973.

— Der Sinn der Wertfreiheit der soziologischen und ökonomischen Wissenschaften, in: Ges. Aufsätze zur Wissenschaftslehre von Max Weber, S. 489 ff. (hrsg. v. Winkelmann, Johannes), 4. Auflage, Tübingen 1973.

Weischedel, Wilhelm: Recht und Ethik, in: Wirklichkeit und Wirklichkeiten, S. 230 ff., Berlin 1960.

Welzel, Hans: Macht und Recht, in: Abhandlungen zum Strafrecht und zur Rechtsphilosophie, S. 288 ff., Berlin 1975.

— Vom Bleibenden und vom Vergänglichen in der Strafrechtswissenschaft, in: Abhandlungen zum Strafrecht und zur Rechtsphilosophie, S. 345 ff., Berlin 1975.

— Gedanken zur Begriffsgeschichte der Rechtsphilosophie, in: Festschrift für Gallas, Wilhelm, S. 1 ff., Berlin 1973.

— An den Grenzen des Rechts, Köln 1966.

— Naturalismus und Wertphilosophie, in: Abhandlungen zum Strafrecht und zur Rechtsphilosophie, S. 29 ff., Berlin 1975.

— Naturrecht und materiale Gerechtigkeit, 4. Auflage, Göttingen 1962.

— Naturrecht und Rechtspositivismus, in: Abhandlungen zum Strafrecht und zur Rechtsphilosophie, S. 274 ff., Berlin 1975.

— Persönlichkeit und Schuld, in: ZStW Bd. 60 (1941), S. 428 ff.

— Das deutsche Strafrecht, 11. Auflage, Berlin 1969.

— Strafrecht und Philosophie, in: Abhandlungen zum Strafrecht und zur Rechtsphilosophie, S. 1 ff., Berlin 1975.

Westermann, Christoph: Argumentation und Begründung in der Ethik und Rechtslehre, Berlin 1977.

Zielinski, Diethart: Handlungs- und Erfolgsunwert im Unrechtsbegriff, Berlin 1973.

Printed by Libri Plureos GmbH
in Hamburg, Germany